薩長同盟論

幕末史の再構築

町田明広

人文書院

薩長同盟論　目次

薩長同盟論——幕末史の再構築

プロローグ

二〇一八年は明治維新一五〇年にあたる。日本史上、稀に見るその大変革を成し遂げる原動力となったのは、薩摩藩と長州藩とされている。その薩長両藩がいつから連携を深めたかという問いに対し、多くの回答が「薩長同盟」に集中することは自明であろう。つまり、明治維新は薩長同盟によって、西国最大の二大雄藩が軍事的に結びついたことで実現したのであり、その実現には、坂本龍馬と西郷隆盛という二人のスーパースターが深く介在したと信じられてきた。本書の読者であれば、ご存知の以下のストーリーである。斯くいう筆者も、長い間、本ストーリーを妄信していたことは否めない。

八月十八日政変や禁門の変によって犬猿の仲となった薩長両藩を仲介し、何とか連携にもっていきたい坂本龍馬は、長州藩が欲しがっている軍艦や武器を薩摩藩名義で購入し、長州藩に横流しすることを思いつき、西郷隆盛を口説いて了解させた。龍馬が興した亀山社中が仲介し、長州藩が軍需品を長崎で購入できたことにより、薩長両藩の関係は改善され始めた。こうした中、西郷は黒田清隆を長州藩に派遣し、木戸孝允の上京を促した。慶応二年（一八六六）一月八日、木戸は京都薩摩藩邸に潜入したが、お互いのメンツがぶつかり、会談らしい会談はなかった。二十一日、ちょうど上京した龍馬が煮え切れない両者を叱り飛ばして会談させ、また証人となり、小松帯刀（たてわき）・西郷と木戸との間で六箇条からなる薩長同盟が成立した。これは、幕府に対する両藩の軍事同盟として、画期的な意味をもった。そして、ここを起点に強固に結びついた薩長両藩により、江戸幕府は武力討幕され明治維新が成し遂げられた。

しかし、幕末史の研究を長年にわたって蓄積してきた筆者は、いつしかこの単純な構造に疑問を抱くようになっていた。

ところで、こうした解釈が一般化したのは、文部省維新史料編纂会によって戦前に編まれた『維新史』（一九三九～四一）を嚆矢とする。そして、明治維新百年であった昭和四十三年（一九六八）には、国家を挙げて明治維新を礼賛し、勝者側に立つ薩長藩閥史観が深く浸透し、国民の明治維新史観が形づくられた。またこの前後、国民的作家となる司馬遼太郎は『竜馬がゆく』に代表される小説群を量産し、広く読まれたことによって、坂本龍馬を始めとする維新のヒーローたちが極端に英雄視され始めた。これらに比例して、薩長同盟の解釈は広く定着し、さらに尾ひれが付いて、日本史上、もっとも有名な同盟関係に昇華し、現在もその地位は安泰である。

しかし、それから五十年が経過する中で、様々な史料が公開され、また新たに発掘され、それらが刊本化されることにより、それ以前とは比較にならないほど実証研究が深化している。薩長同盟についても、また然りである。この間の薩長同盟にかかわる研究史を紐解いてみると、青山忠正氏、芳（かんばし）即正氏、宮地正人氏、桐野作人氏らによって、軍事同盟か否かという内容や評価にかかわる事象を始めとして、成立日時や場所、龍馬の役割の程度など、様々な観点から議論がなされてきた。

この中で、最も重要な論点は薩長同盟の歴史的意義にあることは論を待たないであろう。青山氏は、それまでの倒幕に向けた軍事同盟と捉えられていた定説を否定し、内乱回避を目的としつつも、双方向的なものでなく、薩摩藩が一方的に履行条項を挙げたものと指摘し、「島津家盟約」と呼称すべきであると提言した。芳即正氏も、武力討幕を目指す軍事同盟説を否定し、長州藩の政治的復権を目指した密約であり、薩摩藩は長州再征における中立を約束し、内乱回避を目的とした盟約と規定した。

これに対し、宮地正人氏は中津川の国学者史料を発掘され、黒田清隆が語った長州藩と協力して、一会桑勢力を打倒するという西郷隆盛の内意を重視し、明白な攻守・軍事同盟と旧来説の復活を主張した。さらに、桐野作人氏は木戸の強硬論に同調した西郷が、幕長開戦（第二次長州征伐）を契機に一会桑勢力を倒して京都政局の主導権を奪うことを企図し、小松帯刀を説得して久光の抗幕・長州藩寛典方針に背いて結んだ軍事同盟と結論付けた。

最近では家近良樹氏が、久光は西郷ら対幕府強硬派の行動を警戒しており、それを察知した西郷らはその意向の範囲の中で既定路線を逸脱することなく、長州藩に提示したものと論じ、同盟が実態よりも過大に評価されていると明言する。筆者は、基本的に家近説を指示するものであるが、見解が相違する点も多く、新たな視点に立って薩長同盟論の議論に加わりたい。

本書では、これまでの先行研究にも十分に目配りをしながら、主として薩摩藩にかかわる一次史料の再検討と当時の政治動向の分析を精緻に行うことによって、あらたな薩長同盟論を展開したい。これまでに、多くの研究者が使用してきた史料もふんだんに用いることになるが、場合によっては筆者独自の視点からの新たな解釈を加えたい。原則として一次史料のみに依拠し、多角的に分析した政治動向と突き合わせながら、実証的に分かり易く論を進めたい。その際には、薩長藩閥史観や司馬史観といった、これまでの通説を培ってきた歴史観へ挑戦することとなろう。

また、薩長同盟を理解するためには、当時の薩長両藩を中心とする幕末政治史への理解も必要である。そのため、薩摩藩の政治動向を中心に据えながら、可能な限りの紙幅を割いている。なお、最新の研究動向はもちろん、新発見史料にも必要に応じて言及したい。

ところで、薩長同盟の呼称については、「薩長盟約」・「薩長連合」・「島津家盟約」などが存在するが、本書では、「小松・木戸覚書」と命名する。また、必要に応じてこれまでの呼称を用いる場合、最もスタンダードと考える「薩長同盟」を採用した。

さて、本書では文久二年（一八六二）の島津久光の率兵上京から慶応二年（一八六六）の薩長同盟の締結までの薩長関係を丹念に追うことになるが、理解を深めるために、その前史と言えるペリー来航からの流れを概観しておこう。

嘉永六年（一八五三）六月、ペリー率いる米国艦隊が浦賀に現れ、ここから幕末の動乱が始まった。同年は干支で「癸丑」であり、当時から「癸丑以来」と呼ばれて特別視され、幕末の起点と認識されていた。ペリーは翌嘉永七年（一八五四、十一月二十七日に安政に改元）一月に再来し、三月には和親条約を締結した。このウエスタンインパクトに対応し、植民地化への道をたどるアジア諸国の二の舞にならないため、老中阿部正弘は安政の改革を断行し、挙国一致で富国強兵を推し進めた。

阿部の後を引き継いで、積極的開国論を唱えた老中堀田正睦は、米国領事ハリスの砲艦外交を利用して通商条約締結へ舵を切った。しかし、水戸斉昭ら反対意見も少なからず存在したため、安政五年（一八五八）二月、上京して朝廷から勅許を得ようと試みた。折しも、将軍継嗣問題（賢明・年長・人望の条件を満たす一橋慶喜を推す一橋派と、あくまでも血統を第一として紀州藩主徳川慶福（後の家茂）を推す南紀派の政争）が過熱し、両派は朝廷を味方にしようと京都を舞台に入説合戦を繰り広げていた。堀田は一橋派に与して共に朝廷工作を図ったものの、孝明天皇の拒絶の前にむなしく帰府せざるを得なかった。

この段階で俄かに彦根藩主井伊直弼が大老に就任し、次期将軍を家茂に定め、現場の判断とは言え六月に通商条約を締結したため、その責任はすべて井伊に帰された。幕府の専断は孝明天皇の逆鱗に触れ、それまでの大政委任体制を朝廷自らが否定し、八月に戊午の密勅が水戸藩に下賜され、諸藩にも内報された。勅許なく通商条約に調印したことを強く非難し、御三家および諸藩には幕府に協力して公武合体の実を挙げること、幕府には攘夷推進のための改革を成し遂げることを命令しており、伝達方法だけでなく内容的にも幕府の面目は丸つぶれであった。

密勅は水戸藩による朝廷工作によって下賜されており、井伊は斉昭が黒幕と睨んで何とか証拠を見つけて罰するために、徹底的な捜査を命令したため安政の大獄が勃発した。結局、斉昭の関与は証明できなかったものの、捜査範囲は広がり続け、未曽有の大弾圧事件に発展し処罰者は百人を超えた。しかし、安政七年(一八六〇、三月十八日に万延元年と改元)三月三日、桜田門外の変によって井伊は横死し、幕府権威は取り返しがつかないほど地に墜ちてしまった。これ以降、井伊亡き後の幕政を担う老中安藤信正は和宮降嫁など、朝廷権威にすがって幕権の弥縫策を繰り出す以外に手がなかった。

しかし、安藤は通商条約の破棄を求める朝廷と、なかなか折り合いをつけることが叶わず、朝幕関係は円滑さを欠いていた。そこに文久元年(一八六一)三月、直目付・長井雅楽(うた)が起草した航海遠略策を藩是とした長州藩が周旋に乗り出した。航海遠略策とは、未来攘夷を実現するために、朝廷から通商条約の勅許を引き出して公武合体を成し遂げ、挙国一致して外国に対峙することを画策した対外政略である。海軍を建設し、外国に押し渡る航海交易論を採用すれば、「公武御一和」（朝廷と幕府の融合）・「海内一和」（諸侯を含む日本全体の融和）となり、皇国は五大州（全世界）を圧倒するようになると主張した。

ちなみに、未来攘夷とは、「通商条約を容認し、将来、武備充実後に攘夷を実行」することであり、それに対する即時攘夷とは、「通商条約を否定し、即時、外国船砲撃などの攘夷を実行」することである。

孝明天皇も一度は航海遠略策を嘉納し、安藤も渡りに船とばかりに長州藩・長井に朝幕間の融和周旋を依頼した。まさに、長州藩によって幕権が弥縫され、国内政治のキャスティングボートを長州藩が握ろうとしていた瞬間であった。ここに、島津久光による率兵上京が企図される要因の一つが派生したことになる。それでは、本論に入ることにしたい。

第一章　薩長衝突の過程——寺田屋事件から禁門の変

第一節　島津久光の率兵上京と寺田屋事件

安政五年（一八五八）七月、藩主島津斉彬がコレラで急死すると、遺言により久光の実子茂久（明治元年に忠義と改名）が第十二代、最後の薩摩藩主に就いた。茂久の後見を務め、絶対的な権力を有していた元藩主斉興が翌安政六年（一八五九）に没すると、藩主の実父・久光の藩内における政治的影響力が決定的に高まった。さらに、文久元年（一八六一）二月、老中久世広周は将軍家茂の意を踏まえ、藩政補佐を久光に命じた。久光は幕府からのお墨付きも得て、以後は「国父」として若い藩主を補佐するという名目で藩政を指導す

島津久光

小松帯刀

ることになった。

その際に、最も政治的に利用したのが、西郷隆盛や大久保利通に統轄され、主として下級武士層から構成された誠忠組であり、そのエネルギーを国事周旋に振り向けることであった。久光は、これまで藩政に関与し続けていた門閥層を退け、小松帯刀を若き宰相として抜擢し、彼を潤滑油として自らの側近層と誠忠組を結びつけた。また、小松は一端退けた門閥層からも敗者復活を図り、例えば桂久武などを抜擢して藩内の融和に努めた。そして、久光は「久光四天王」（小松・大久保・中山中左衛門・堀次郎）を特に重用し、斉彬の正当な継承者であることを決定付け、また国政への参画を目指し、その手始めとして率兵上京を企図するに至る。

久光の率兵上京は、藩主実父に過ぎない無位無官の久光が、参勤交代並みに威儀を正した上で、上方に参集し始めた浪士対策のために武装をし、江戸ではなく京都を目指したことに特異さがあった。そして、その目的の政略性や手法の強引さ、後に与えた影響の奥深さとあいまって、「率兵上京」と呼称されたものである。

ところで、久光は藩主に就いた事実はなく、国父と称されているとは言え藩主の実父に過ぎず、その政治的基盤は想像以上に脆いものであった。率兵上京を伴う国事周旋の成功は、藩内における反対勢力を封じ込める絶対的な事実となり、大きな武器となり得た。しかも、その成功は久光の藩外での圧倒的な評価にもつながるはずである。久光は、斉彬が老中阿部正弘と画策した雄藩連合構想を立て直しながら、安政の大獄によって頓挫していた譜代門閥制（老中による独占的な政治機構体制）の打破を目指した。リーダー不在の幕府中枢に参画して国政を牽引しようという、政治的野心にも衝き動かされ、自身の幕政主導による内政重視の挙国一致体制の構築を企図した。

また、幕府の機構変革なくして、幕藩体制は存続できないという認識は、斉彬時代から醸成されており、その実現は斉彬亡き後、自身に託されたという自負が久光にはあった。機構変革、つまり老中制から雄藩連合制への移行、さらには自身の幕政参画への足掛かりとして、一橋慶喜および松平春嶽の登用を第一に目論んだが、武力はあっても権威がない久光は、その実現のために勅使派遣を画策し、それによる幕府への圧力を期待した。

一方、通商条約調印および桜田門外の変は幕府の武威を著しく失墜させ、朝幕間の隔たりを埋めるはずの和宮降嫁といった公武合体策も、対外方針の不統一、つまり幕府開国（条約容認）・朝廷鎖国（破約攘夷）との方針から、機能不全とも言える状態であった。久光は朝幕関係の調停者として自分自身を位置付けていたものの、航海遠略策による長州藩の国政レベルでの周旋が開始されており、和宮降嫁も画策され、現行幕閣体制が維持される方向性にあった。つまり、久光にとって座視できない状況であり、率兵上京の機は熟したとの判断がなされた。

文久二年（一八六二）三月十六日、久光は鹿児島を発したが、その目的を義挙（王政復古実現のため、幕府打倒の挙兵をすること）と思い込み、またはその方向に転換させようとする、西国および藩内尊王志士の動向に過敏にならざるを得なかった。前年十二月以降、入薩を繰り返す平野国臣らが義挙に向けた過激な言説を用い、加えて上京直前の二月二十七日、西国義挙派の代表格であり、多大な影響力を持つ真木和泉が入薩を果たした。久光は、その扇動と誠忠組激派との合体を恐れ、上京に先立つ十日に訓令を発し、尊王藩士に一定の理解を示しながらも、他藩激徒や浪人との音信往来を厳禁した。

その上で、久光は「浪人軽卒之所業ニ致同意候而は、当国之禍害は勿論皇国一統之騒乱を醸出し、終ニは群雄割拠之形勢ニ至り却而外夷之術中ニ陥り、不忠不孝無此上義ニ而、別而不軽事と存候」(『鹿児島県史料 (玉里島津家史料)』、以下『玉里』一) と、浪人の軽卒な行為に同意しては、薩摩藩への禍害はもちろんのこと、皇国においても内乱となる。最後には群雄割拠の形勢に至り、外夷の術中に陥ることにもなり、藩主茂久に対する不忠不孝の段は非常に重いとして、軽挙を厳しく戒めた。

違反者には「無遠慮罪科可申付候」と、違反者には遠慮なく罪科を申しつけると厳しく達しており、久光の過激な尊王攘夷運動に対する、また、ヒエラルキーを無視する藩士の行動に対する、激しい嫌悪観と厳罰主義を確認できよう。また公武合体を志向し、幕府補佐を打ち出して、義挙に応じない姿勢を明言している。

久光は下関を経由して四月二日、室津に到着した。そして後発の部隊を待って、六日に姫路に至り、状況視察のために先発させた海江田信義および久光四天王の一人、堀次郎から浪人らが続々上坂しており、久光一行を待ち伏せし、義挙を起こすつもりであるとの報告を受けた。また、九州諸藩の情報探索のため先発し、下関に留まって久光を待つように命じたにもかかわらず、後述の通り、意に背いて上方に向かった西郷隆盛の国許送還もこの時に決定した。

ところで、率兵上京決定の報に接した中央政局の動向であるが、久光の意を受けて入京

孝明天皇

が可能になるように周旋したのが堀であり、その有力なパートナーとなったのが孝明天皇の信任が厚かった侍従岩倉具視であった。薩摩藩にとって、朝廷における利益代表者は摂関家筆頭の近衛忠熙（ただひろ）・忠房父子であったが、再三の入京周旋の要請に対して、自身への嫌疑を恐れて拒否反応を示していた。しかし、忠房は久光宛書簡（四月八日）で、既に上京を開始したからには、是非とも面談の上、朝廷への温順な誠忠を依頼した。これは、穏便に入京を認めた方が混乱を回避できるとの認識に転換したためであろう。

久光は上京途上でこの報に接したが、さらに姫路滞在中の四月六日、孝明天皇の意を踏まえ、入京を歓迎する岩倉の書を堀がもたらしたため、大いに喜び安堵することができた。堀は京都に戻り、近衛父子や岩倉に謁見して久光入京の期日を報じ、岩倉は直ちにその旨奏聞に達した。この間の岩倉の存在は極めて重要であり、この時点で久光にとって最も重要な廷臣であったと言えよう。

ところで、当時の中央政局の執政者、関白九条尚忠および所司代酒井忠義の対応にも触れておこう。酒井は西国志士の参集および過激行動を伴う義挙計画を察知し、蜂起が近いと感じたため、廷臣への入説による連携を懸念して警戒を強めていた。九条も廷臣、特に両役（議奏・武家伝奏）が既に武臣と接触している事態を憂慮していた。

四月十三日、久光は大坂を発し、伏見の藩邸に到着したため、上方に参集していた西国志士はその気勢をさらに上げていた。酒井はその事態に震撼し、京都警衛諸藩に対して厳重な警備を要請した。岩倉はこの情勢に鑑み、酒井に久光を頼る浪士を久光に鎮撫させること、そのために久光の入京を認めることを提言した。酒井が了解して九条も追認したことから、久光は十六日に入京して近衛邸に赴き、建白する運びとなった。

このように、止むを得ない事情とは言え、中央政局の秩序崩壊は、むしろ執政者自らが結果的に促進した事実は否めない。なお、忠房は久光に書簡（四月十四日）を発し、入京に対して期待感を表明したが、一方では、西国志士の蜂起が同時に起こることへの警戒心から、あくまでも京都での騒擾を憂い、航海遠略説で周旋中の長州藩との協働も提案し、重ねて自重を促す態度を示した。

四月十六日、久光は側近の小松、大久保、中山と共に近衛邸に参殿し、近衛忠房および議奏の中山忠能（ただやす）・正親町三条実愛（さねなる）・久世通熙（みちさと）に対し建白の機会を得た。口上によると、幕閣の勅諚を無視した条約締結および安政の大獄による朝廷弾圧、加えて将軍による貿易独占を厳しく非難した。そして、率兵上京の趣旨を将軍家の三百年来の厚恩に報い、斉彬の宿志であった公武融和を実現するために、幕閣の横暴をおよび激徒の策謀を阻止することと表明した。次に、奏聞を懇請した建白内容について、安政の大獄時の処分者の復権、関白・大老・後見職等の人事改変による朝廷・幕府改革、朝廷による浪人対策を求めた。なお、攘夷問題については、明確な主張は回避された。

これに対し、天皇の意を受けた岩倉が中心となり、久光に対して建言嘉納および「浪士共蜂起不穏企有之候処、島津和泉（久光）取押置候旨、先以叡感思召候、別而於御膝元不容易儀於発起は、実々被悩宸衷候事ニ候間、和泉当地滞在鎮静有之候様、思召候事」（『玉里』一）との勅命をもたらした。当時の中央政局は、浪士鎮撫が最大の難問であり、それを幕府（所司代）の正統な武威以外に、しかも外様雄藩の無位無官の藩主実父が伴った武力に頼らざるを得ない、極めて特異な状況下にあった。この時点で初めて久光の率兵上京は正当化され、京都滞在の許可が与えられた。ここに薩摩藩、久光の中央政局への足がかりが出来上がったが、それは浪士鎮撫という重い命題との引き換えとなった。

京都に参集した尊王志士は、期待した久光が義挙に反対である現実を突きつけられ、諸侯に頼らない義挙の実行を急いだ。一方、久光は浪士鎮撫の勅命によって滞京しており、両者の衝突は時間の問題であった。それが現実のものとなったのが、まさに寺田屋事件である。本件は、その後の薩長関係を規定する大事件であるため詳述する。

薩摩藩と寺田屋事件

そもそも、当時参集した志士たちの実数は、江戸から無断で上京した薩摩藩士および浪士ら十八名、薩摩藩以外の藩士・浪士は小河一敏（おごう）を始めとする岡藩二十名を主力とする四十五名である。つまり、総数六十名余りが、いわゆる参集浪士の主力であり、ここに久光供奉の薩摩藩士二十名ほどが、義挙に加わることになる。

この人数は必ずしも多いわけではないが、むしろ兵力として期待できたのは、長州藩であった。その中心は、久坂玄瑞、寺島忠三郎、入江九一、前原一誠、山県有朋、白井小助、堀真五郎、品川弥二郎、松浦松洞ら松下村塾グループに属する二十名ほどであった。しかし、大坂藩邸留守居役の宍戸九郎兵衛と在京の家老浦靭負（ゆきえ）が与していたことから、かなりの上方在住の藩士が動員可能と想定され、領袖の久坂は三百名が参加できると豪語していた。

小河一敏

久坂玄端

この時点では、まだ航海遠略策が藩是であった長州藩の動向であるが、薩摩藩の率兵上京の報に接した藩要路は、情報探索のため来原良蔵の鹿児島派遣を決めた。文久二年三月四日に肥後藩士宮部鼎蔵と共に鹿児島に至った来原は、薩摩藩がもし京都で義挙しないのであれば、長州藩が義挙するので、薩摩藩は援護して欲しいと主張し、あたかも攻守同盟を望むような口上であった。

一方、久坂も仲間の中から堀真五郎を鹿児島の同志の許に派遣し、諸侯は頼むに値せず、尊王志士が義挙すべきであり、薩摩藩も同志を集めて欲しいと伝え、藩権力に頼らない尊王志士による義挙を促した。当時の萩および下関には吉村寅太郎、本間精一郎ら多くの尊王志士が集結して、長州藩の決起を要求しており、それを背景に久坂は藩政府に義挙参加を迫っていた。

この事態に鑑み、三月十八日、藩要路は帰藩した来原に京都偵察、家老浦靱負に兵庫警備出張および上方の形勢に応じた臨機の処置、山田亦助および村田次郎三郎に馬関での他藩応接等、二十四日には久坂、前原一誠ら数十名に兵庫出衛をそれぞれ命じた。平野、小河らは上京途時に馬関に立ち寄ったが、西郷隆盛の来訪は画期となった。山田らはその応対から、直ぐにでも日本国中が大乱になるのは必定であり、天下泰平の思いは捨て去り、十分の覚悟が肝要との認識に至り、藩主の裁可を待たず二十四日に上方に向け出発し、中央政局に関わることになった。そして二十九日に着坂後、直ちに上京したところ、長井から航海遠略策が首尾よく運んでいる旨を聞き及び、当面は来原らと共に尽力することにした。

一方、宍戸九郎兵衛は反長井の旗幟を鮮明にし、久坂らを庇護して大坂薩摩藩邸に潜む尊王志士との画策を黙認、むしろ支持をしていた。久坂への帰藩命令に対しても、薩摩藩との連絡係りであり、この時節に有意な人材を召還することによって、長州藩は人望を失うことになるか、あるいは、途時に亡命等の難事を引き起こしかねないとして、藩命に従わなかった。この間、大坂では宍戸らと西郷が会談を重ねて長井排撃を決したが、この状況に鑑み、四月十四日、長井は藩主毛利慶親に召命をもたらすことを口実に、江戸に向かった。これによって、反長井派が勢いづき、薩摩藩との義挙実行体制が整った。

ここで、西郷隆盛の動向を確認しておこう。文久二年一月十二日、潜居していた奄美大島から鹿児島に呼び戻された西郷は、率兵上京に反対の態度を露骨に示した。西郷は十五日に徒歩目付に復職し、直ちに久光に召されたが、有名な「地五郎」(田舎者)発言はその時に飛び出した。西郷は状況探索を許され、三月十三日、村田新八を伴って出発したが、福岡藩飯塚において、軍用米調達のため下関に先発していた森山新蔵からの至急来関の要請に接し、二十二日早朝、下関に到着した。

尊王志士でもある薩摩藩御用達商人・白石正一郎宅で長州藩士山田亦介らと合議中、上京途時の平野国臣、小河一敏らも合流した。西郷は平野に対し、「月照師と共に死すべくして死せず、奇なる生命を愉しみて今日に至れり。而して今や公等と同じく斃るゝの時に臨む。請う互いに努力して戦死せん」(『平野国臣伝記及遺稿』)と語った。この発言が、後々問題となる。

下関に留まる約束をしていたはずの西郷であったが、なんと到着即日、海路大坂に向かい、二十六日着、二十九日に伏見に至った。ここで堀次郎らと面談したが、堀が長井の航海遠略策を支持するのであれば、まず堀を斃すようにと周囲の若者を扇動する過激な態度を取った。また、状況探索のため先発していた海江田信義は、上京した平野から西郷の下関での発言を聞かされ驚愕していた。

西郷の態度に激怒し、また疑念を持った堀と海江田は、四月七日に姫路で久光に拝謁し、西郷が浪士と義挙に及ぶ可能性を指摘した。久光は激怒しながらも中山中左衛門の意見も聴取した上で、西郷の捕縛・遠島を沙汰した。西郷の海路護送は四月十一日であり、西郷の上方滞在はわずか十六日間であった。この間の西郷問題をめぐって、西郷と久光四天王の中山・堀の仲は決定的に決裂し、これが二人のその後の不遇の最大誘因となった。

久光の西郷処分の事由として、不遜な「地五郎」発言に対する悪感情や、幕府罪人として死亡を届けていた事実への配慮等が挙げられている。これらはすべて事実であろう。しかし、その最大の要因はヒエラルキーの逸脱による、久光の権威に対する冒瀆にあった。久光の権力基盤は盤石とは言い難く、藩内においての反抗勢力も無視できないレベルにあった。しかも、西郷の先発は大目付の反対を押し切った判断であり、一方、大久保らが推す西郷に対する信頼も存在していたと考える。西郷の処分がこの程度で済んだのは、大久保や尊王志士への配慮であったろうが、遠島とは言え、死を免れたことは奇跡的な結末であった。

四月十日、久光は尊王志士の動向を警戒しつつ、ようやく大坂に到着した。有馬新七・

田中謙助・柴山愛次郎・橋口壮介の激徒首魁(げきとしゅかい)四名は、着坂前後の久光の言動を歯痒く感じていた。東西呼応の義挙は断念するものの、上方での義挙を決意し、田中河内介・小河一敏に諮った結果、挙兵して九条関白および酒井所司代を斃すことに決した。さらに、王政復古の魁となり、その実現に向けて久光の決意を促すと主張した。これは、結果的に久光の功業に結びつき、かつ、久光への忠誠に他ならないとの一方的な解釈に基づいていた。

そして、彼らは同志糾合のための勧説を行ったが、例として田中謙助の言説を「柴山龍五郎手記」(『有馬新七先生伝記及遺稿』)によって見ていこう。久光が朝廷のために尽力しようとしても、幕府の権威は依然として猛威を振るっており、その実効を期待することはすこぶる至難である。加えて、姦物の中山が要路にあるので、久光が王政を補佐しても、おそらくその対応は滞って遅々として進まず、王政復古の大業は成し難い。大久保らも最近は因循姑息で全く信用できないことから、「萬死以て王事に尽さんと欲す」として、九条および酒井襲撃を宣言した。

それに続く策略と見通しとして、中川宮の幽閉を解いて供奉・参内し、三百諸侯に対して迅速に上京を命じて国是を定める。もしも幕府が朝命に背けば、その罪を責めて討伐を加えるなど、臨機応変の措置を取り、何としても久光の志を遂げさせる。これは宸襟を安んじることであり、万民を塗炭の苦しみから救うことにもつながる。例え我々が斃れたとしても、天下の義士が相次いで勃興することは疑いなく、今回の義挙は結果として久光の宿志を遂げさせられる端緒となることは間違いないとした。久光の意思とは無関係に、同志勧説の方便として持ち出されている。

こうして有馬らと同志となった薩摩藩士は、久光供奉者から柴山竜五郎、西郷従道、大山巌、篠原国幹、三島通庸（みちつね）ら、江戸脱出者から橋口伝蔵、弟子丸龍助、西田直五郎、伊集院直右衛門、永山弥一郎ら、脱藩者である是枝柳右衛門、森山新五左衛門、美玉三平ら、都合三十六名を数えて義挙派を形成した。そして、四月十八日に奈良原清・海江田が説諭に赴いたが、義挙派は二十一日をもって挙兵することに決し、二十日には大久保が御親兵に推挙するとの条件で鎮静を求めたが、表面上は同意としながらも、計画は変更しなかった。しかし、留守居役の嫌疑を受け、そのことからいったんは延期としたが、意気阻喪を恐れた長州藩義挙派の強い要請によって、二十三日実行と定められた。

なお、期待していた土佐・肥後両藩からの参画志士が少ないことから、九条・酒井両者の襲撃は不可との議論があり、最終標的を九条に定めた。さて、この間の精神的支柱で領袖の一人である真木和泉は薩摩藩内で足止めされていた関係で、寺田屋事件前日の四月二十二日、ようやく合流を果たした。義挙派は中川宮を掌中にすることを前提に、「孝明天皇―中川宮―島津久光」の連携関係を奏聞するとしており、計画の杜撰さというより、義挙という行為そのものを「王政復古」の魁にしたいとの意向がうかがえる。

四月二十三日、久光によって義挙派が鎮圧された寺田屋事件が勃発した。久光から派遣された鎮撫使が、京都藩邸に出頭せよという君命を有馬新七らに伝えたが、応じる気配を見せなかった。痺れを切らせた道島五郎兵衛が、「上意」と大喝して田中謙助を斬り倒したことを契機に、壮絶な闘いが開始された。刀が折れた有馬が壁に道島を押し付け、橋口吉之丞（壮介弟）に向って「オイごと刺せ」と命じ、串刺しされて両名とも斃れたエピソードはまさにこの時である。

この激闘により、鎮撫使一名（道島）と義挙派六名（有馬、柴山愛次郎、橋口壮介、西田直五郎、弟子丸龍助、橋口伝蔵）が死亡、二名（田中、森山新五左衛門）が重傷を負い、翌朝、切腹を命じられた。事件後、薩摩藩士は帰藩謹慎、他藩士・浪士は諸藩に引き渡されたが、藩の背景を持たない田中河内介らは薩摩藩への護送中に斬殺された。寺田屋事件によって、多くの志士がこの時点で斃れ、また政局からの離脱を余儀なくされた。

ところで、久光は寺田屋事件に対する朝廷の反応に懸念を抱いていた。そこで、堀次郎をして岩倉具視に諮り、その結果、二十五日には「奉勅命を待すして猥ニ乱妨ケ間敷儀ニ及候段ハ、忠憤却而違勅之筋ニ相当、不埒之至候、右等違背之輩ハ早厳可加制止儀ニ被思召候事」（『玉里』一）との浪士鎮静の勅諚が久光にもたらされた。一方、孝明天皇にとって、当面の難題であった京都での干戈を未然に防げたことは望外の幸いであり、久光が迅速に浮浪の輩を鎮静した労をねぎらった。寺田屋事件を契機に、天皇の絶大な久光への信頼が確立し、中央政局におけるその存在感は、すべての勢力から無視できないレベルに一躍昇華した。

長州藩と寺田屋事件

次に、この事件と長州藩との関連について述べたい。前述の通り、薩摩藩とは相違し、長州藩は家老浦靱負、留守居役宍戸九郎兵衛といった藩首脳が久坂玄瑞ら義挙派に与しており、藩主毛利慶親の承認はないものの、事実上は高次な藩レベルとして義挙に参画していたと言えよう。薩摩藩に対する強烈な対抗心から、義挙成功の栄誉を独占させたくないという意識が働き、さらに義挙に参画する既成事実によって、藩是であった航海遠略策を廃案に追い込む目論見であった。そして、藩論を破約攘夷に転換し、薩摩藩に代わって中央政局の中心となることを志向した。

この時点での長州藩義挙派は、藩内抗争において対外方針が論点となったことから、王政復古を具体的に志向するというより、藩是を即時攘夷とするために、長井雅楽派の排除に力点があったと考える。なお、世子定広が江戸から上京途時にあり、寺田屋事件のわずか四日後の二十八日に入京していた。その後、長州藩は藩主ではなく、世子が中心となって即時攘夷運動を展開した事実から、定広が義挙に関する何らかの内諾を与えていた可能性も否定できない。

長州藩は義挙計画の最終段階では、薩摩藩士を含む義挙派に資金援助を施すなど、むしろイニシアティブを取っていた。義挙派の関白襲撃に呼応し、久坂らは所司代に討ち入り、浦らはその形勢に応じて御所守衛を行う手はずであった。しかし、堀次郎が長州藩邸に赴き寺田屋事件の顚末を伝えたため、こうした事前の計画を中止し、むしろ平静を装った。さらに吉井友実(ともざね)が派遣され、宍戸に対して今回の義挙計画に関与した長州藩士の捕縛を求めたが、その事実はないとして拒絶した。長州藩のこの対応は、その後の両藩齟齬の直接的起因であり、また長州藩志士にダメージがなかったことが、その後の即時攘夷運動の原動力として長州藩が活躍する誘因の一つとなった。

ところで、奈良原清・海江田信義は、京都藩邸の堀・中山・大久保に火急の書簡を、高崎正風をしてもたらし、鎮撫使派遣も止むなしと意見した。その後、小河一敏からの聴取によって、薩摩藩の尊王志士と長州藩が既に一体となっており、今夜にも義挙に及ぶことが判明した。そのため、奈良原らは義挙が実行された場合、鎮圧は長州藩との関係から好ましくないとして、それ以前の早急な鎮撫使派遣を求めている。

結果として、長州藩の存在が、久光に鎮撫使派遣と上意討を早期決断させた主因であった。寺田屋事件は、久光による薩摩藩士を含む尊王志士激派を鎮撫した事件には相違ないが、長州藩にとっては、義挙自体は失敗したものの、その後の長井失脚、藩是転換、中央政局進出への起爆剤となり、薩摩藩以上に重要な事件であった。

第二節　薩長の確執激化と禁門の変

文久二年四月二十三日の寺田屋事件によって、島津久光は京都の治安回復に成功し、孝明天皇の絶大な信頼を獲得して、いよいよ、率兵上京の主目的である幕府の人事改革に乗り出すことになった。しかし、久光は無位無官の藩主の実父に過ぎず、朝廷権威を利用するしか術がなく、朝廷に対して勅使の派遣を執拗に求めた。久光の介入による幕府権威のこれ以上の失墜を恐れた京都所司代酒井忠義は、勅使下向を何としても阻止すべく、久光と暗闘を繰り広げたが、久光四天王の周旋力の前に最後はなす術がなく敗れた。そして、五月二十二日、六十歳を越えた筋金入りの尊王攘夷家である勅使大原重徳に供奉し、久光は京都を出立した。ここでも、幕府権威の著しい退潮が顕在化している。

なお、これに先立ち、朝廷では中山忠能・正親町三条実愛・岩倉具視らが幕府に求める三事策をまとめていた。①将軍上洛、②五大老設置、③幕府補佐職（慶喜将軍後見職・春嶽政治総裁職）設置であるが、①は長州藩（桂小五郎）、②は朝廷（岩倉具視）、③は薩摩藩（島津久光）の意向を取り入れている。朝廷は当初、このうち一つを幕府に選択させる目論見であったが、勅使出発にあたり、大原には③をもっぱら主張せよと沙汰しており、薩摩藩の意思が尊重されていることは明らかである。また、薩摩藩のみならず、長州藩も加えた二藩に対して、勅使を補佐して叡慮貫徹（えいりょかんてつ）に尽力するよう沙汰しており、長州藩への配慮も見られた。

勅使下向の報に接した幕府は、先手を打って安政の大獄での処罰者を有免し、幕閣改造を行って松平春嶽や松平容保（かたもり）を幕政参与とし、三事策①を決定した。しかし、③の核となる一橋慶喜の登用については、反対意見も根強かったため見送られた。久光は六月七日に江戸到着後、勅使大原と共に悲願である慶喜の登用を執拗に求めた。久光の幕政参画には、春嶽のみならず慶喜の登用も必要条件と考えられていたからである。

それを何とか阻止しようとする閣老との交渉はすこぶる難航したが、ここでも久光四天王の、時には威嚇を伴う周旋が行われ、遂に七月六日、慶喜が将軍後見職に、九日には春嶽が政事総裁職に任命された。以後、慶喜は幕政の中心に座り、最後の将軍として幕末史を回天させる役割を演じた。そして、三事策③の実現を成し遂げた久光の存在は、中央政局のみならず、江戸でも無視できないものに昇華したことを意味した。

ここで、長州藩の動向についても触れておこう。文久元年、前述の通り、直目付・長井雅楽が起草した航海遠略策を藩是とし国事周旋に乗り出した。当初は孝明天皇に嘉納され、閣老からも公武周旋を依頼されて順風満帆に運んでいたが、この策には決定的な難点があった。それは、勅許を得ていない現行の通商条約を、なし崩し的に追認してしまうことにあった。そもそも、我が国が皇国である所以は天皇の存在であり、そこを無視したこの条約を認めることは、皇国の在り方を否定しかねないとの意見が存在した。

そのことを一番理解していたのは、他ならぬ長州藩士である。その先頭に立ったのが、松下村塾グループであり、そのリーダーは久坂玄瑞であった。そこに藩政府の事実上トップにいた周布（すふ）政之助と桂小五郎が加わり、長井排斥派が形成された。さらに、世子定広も松下村塾グループを支持する姿勢を露わにしたため、藩主毛利慶親も慎重にならざるを得なかった。さて、順風満帆に見えた航海遠略策の転機は意外にも早く、文久二年一月、推進役である老中安藤信正が坂下門外の変で失脚したため、俄然風向きが怪しくなった。これ以降、潜行していた長州藩内での長井排斥運動が表面化して激しさを増し、久坂は朝廷に対して航海遠略策は朝廷を誹謗しているとの入説を繰り返した。

その結果、一転して朝廷は五月に至り、航海遠略策に不快感を表明するに至った。朝廷を侮辱する文言があったとされたが（謗詞一件）、言いがかりに過ぎない。長井はその責任を取らされ、六月に中老を免職され帰国謹慎となり、その後、切腹を命じられた。こうした中で、七月二日に入京した藩主慶親は、世子定広をはじめとする藩要路と御前会議を開いた。最終的には九日に至り、孝明天皇の叡慮を最優先し、藩是を航海遠略策から破約攘夷へ転換することを決定した。この会議を主導したのは、周布政之助であり、桂小五郎であった。

長州藩の藩是転換

こうした藩是の転換は、長州藩内の問題だけに要因を求めることはできない。それは、薩摩藩の動向である。久光は率兵上京を果たし、中央政局に登場して孝明天皇はもちろんのこと、中川宮を始めとする上級廷臣の絶大なる信頼を勝ち得て、主役の座を射止めた。航海遠略策を引っ提げて中央政局に登場し、一時は時代の寵児となっていた長州藩にとって、薩摩藩の動向は座視できない脅威に映ったことは想像に難くない。こうした状況に焦りを感じた長州藩にとって、その座を奪い返すためにも、薩摩藩と容易に差別化ができる思い切った政策の転換が必要であった。

こうした伏線は、慶親の江戸出発前から現れていた。五月二日の段階で、慶親は老中久世広周に将軍上洛・国是確立の急務を説く建白書を提出したが、その中で諸大名が直接朝廷に建言することは、幕府を甚だしく蔑視するものであり、幕府権威が地に墜ちることは必然であると述べ、久光の率兵上京を暗に批判した。さらに、謗詞一件の対応に迫られた慶親は勅使補佐の任を放棄、勅使到着の一日前に久光を避けるように江戸を発し、しかも途時に出くわさないよう、久光の東海道に対して、あえて中山道を選択した。これらによって、久光の感情は大いに害され、薩長間の不和の一因ともなった。

なお、長州藩はこの事態を憂い、六月十二日、周布政之助・宍戸九郎兵衛・来島又兵衛・小幡彦七は、江戸に到着早々の大久保利通・堀次郎を江戸柳橋料亭川長に招待して、時事を論談したが関係修復には至らなかった。しかし、薩長の不和の要因はこれに止まらなかった。世子定広は四月二十八日に江戸から上京した際、京都守衛の朝命を賜り、さらに五月十三日には勅使下向の際、薩摩藩と協力して何事も尽力するようにと重ねて命じられた。

その後、周旋活動を継続するため東下する定広に、沙汰書や幕府への勅諚が授けられたが、その文言の中に安政の大獄等での処罰者の大赦が謳われ、さらに、寺田屋事件で上意討されたメンバーも含まれた。薩摩藩は長州藩による陰謀として反感を強め、久光は字句の削除を求める使者を京都に派遣し、勅使大原には勅諚の改ざんを迫った。結果、久光の意向通り、問題の字句は割愛されたものの、薩長間の亀裂は過去最悪のレベルに達していた。

生麦事件

久光による幕府人事改革は、慶喜の将軍後見職および春嶽の政治総裁職の就任によって目的を達成したが、真の目的である自身の幕政参画には至らず、むしろ幕閣の久光への忌避感は際限なく膨張しており、無位無官である久光を蔑む有様であった。久光は不愉快な苛立ちを覚えつつ、京都に戻る途中の八月二十一日に、英国人殺傷事件である生麦事件を引き起こした。これ以降の薩摩藩は、犯人の逮捕・処刑や賠償金を強く求める英国の動向に大きな制約を受け続けたが、特に英国艦隊による報復攻撃の脅威のため、久光は中央政局からの離脱を余儀なくされた。久光は就任予定の京都守護職も断念し、度重なる朝廷からの上京命令にもかかわらず、鹿児島に止まらざるを得ず、中央政局では即時攘夷運動が激化した。

ところで、生麦事件の余波は久光の思惑を遥かに超えるものだった。京都の民衆は薩摩藩の攘夷を讃えて熱烈に大歓迎し、孝明天皇から称讃の言葉をかけられ、名実共に攘夷の雄となった。特筆すべきは閏八月九日、久光は参内して勅使輔佐の労を賞せられ御剣一口を賜わったが、孝明天皇の出御も伴ったらしい。無位無官である久光の参内は空前絶後のことであり、多くの廷臣は反対したものの、孝明天皇が押し切った形で実現した。天皇の久光への信頼の度合いを表現する言葉など、到底見つけようがないレベルにあった。

また、率兵上京や勅使供奉によって、幕閣の薩摩藩・久光への嫌疑・敵視が始まったが、生麦事件は将軍を諸外国との紛争に巻き込むため、仕組まれたものと判断し、「将軍の地位を狙う敵」の一人と断定したことも見逃せない。この段階での幕薩関係の緊迫化を確認でき、また、幕府の薩摩藩への相当な警戒感を知ることができる。さらに、英国のラッセル外相が「日本の異常な政治状況」を考慮せざるを得ないとして、幕府と薩摩藩の双方に賠償金等を要求したことは、幕府の全国統治能力を否定し、さらなる権威の低下を招いた。

生麦事件は、このように国内外に大きな波紋を投げかけており、土佐藩士武市半平太による閏八月の王政復古論や大久保忠寛による十月の大政奉還論は、そうした情勢を背景にしていた。久光の率兵上京に端を発した禁中方御条目体制の崩壊（久光入京、浪士鎮撫の勅命）、久光が供奉した勅使に屈した幕政改革、生麦事件で露呈した全国統治能力の欠如などによって、幕府権威が再浮上できないレベルに達したことを敏感に察知したところから、派生した諸論と考える。

こうした中で、即今破約攘夷に藩論を転換した長州藩は、土佐藩および三条実美（さねとみ）ら過激廷臣グループと協同し、即時攘夷派を形成して中央政局での勢威を拡大し続けた。十月には幕府に攘夷実行を迫るため、勅使三条実美および副使姉小路公知が江戸に向けて出発し、長州・土佐両藩士が供奉した。家茂は朝廷の意向を受け入れざるを得ず、奉勅攘夷を宣言し、文久三年(一八六三)三月、三代将軍家光以来の二百三十年ぶりの上洛を余儀なくされた。

幕府は大政委任を改めて求めたものの曖昧にされ、攘夷の実行期限を五月十日に決めさせられ、しかも、その直後に朝廷の「無二念打払令」(躊躇なく攘夷を実行)と幕府の「襲来打払令」(襲来以外は攘夷を猶予)という対立した命令が下された。朝幕の命令は完全に齟齬を来しており、諸藩はおおむね幕令に従ったものの、誰の目にも政令二途を強く印象付けることになった。

下関事件と薩英戦争

長州藩はアメリカの商船ペンブローク号を皮切りに、三日にわたって外国船を砲撃した(下関事件)。最初は不意を衝いて成果を挙げたものの、米仏の報復攻撃を受け、長州藩海軍はあっけなく全滅した。しかし、長州藩の本当の試練は、翌元治元年(一八六四)八月の英仏米蘭の四国連合艦隊による下関砲撃事件である。長州藩は完敗し、死者十八人・負傷者二十九人を数えた(連合軍は死者十二人・負傷者五十人)。

一方、薩摩藩にも大きな試練が待ち受けていた。文久三年七月二日、薩英戦争が勃発し、戦死者こそ五人程度と少なかったものの、艦砲射撃によって鹿児島城の一部、集成館、鋳銭局を始め、民家約三五〇戸、藩士屋敷約一六〇〇戸が焼失して、圧倒的な武力の違いを見せつけられた。久光は英国との戦争継続は困難と判断し、講和談判の至急開催・妥結を急いだ。これは、過激な攘夷行動に走る長州藩に牛耳られた中央政局に乗り出し、それを打開するためにも必要な条件であった。

そして、十月五日には講和が成立し、薩摩藩は二万五千ポンドを幕府から借用して支払い、生麦事件の犯人は逃亡中として不問に付された。談判中、薩摩藩は軍艦や武器の調達を依頼し、また留学生の派遣を打診している。これは、薩摩藩代表の重野安繹(やすつぐ)による膠着した交渉の打開を図った起死回生の一策であった。そのあまりに現実的で柔軟な発想の転換には、驚くばかりであるが、これらはいずれも実現し、薩英間は急速に接近して友好国となるのに多くの時間は必要なかった。

この間に、在京藩士の高崎正風が中心となって策謀し、中川宮や会津藩を取り込んで画策した八月十八日政変によって、長州藩および三条実美ら過激廷臣を京都から追放することに成功した。いわゆる七卿落ちである。そもそも政変の発端は、孝明天皇による大和御幸の決定と諸藩に対する分担金の負担、三条ら即時攘夷派廷臣の横暴、中川宮の西国鎮撫大将軍任命問題等であり、特に薩摩藩にとっては、当時の久光の名代的存在であった中川宮の窮地を救うことに主眼が置かれた劇的なクーデターであった。

なお、武市半平太は前土佐藩主の山内容堂に対し、薩長二藩の融和が急務であることを上申し、両藩調停の労を執ることを勧説していたが、政変直前の七月二十三日、土佐藩在京要路は長州藩京都留守居の村田次郎三郎に対し、両藩和解の勧告書を渡している。ここでも武市は薩長融和に尽力しており、こうした志向性はその後の土佐脱藩浪士に引き継がれることになる。

久光政治のクライマックス

さて、英国の脅威を取り除いた久光は、八月十八日政変後の中央政局に進出し、まさに人生のクライマックスを迎える。久光は朝廷・幕府どちらからも絶大な信頼を勝ち取り、まずは朝政参与の実現(いわゆる参与会議)を画策した。そして、十二月晦日、武家伝奏野宮定功(さだいさ)より一橋慶喜・松平容保・松平春嶽・山内容堂に対し朝政参与仰出があり、文久四年(一八六四、二月二十日に元治に改元)一月十三日に至り、野宮は留守居役内田政風を召し、久光に「不容易御時節ニ付、朝議参予可有之被仰出候、依之従四位下左近衛権少将推任叙被宣下候事」(『玉里』三)と沙汰した。さらに、久光は二月一日に大隅守兼任、四月十一日には従四位上左近衛権中将に昇叙している。久光の念願であった朝政参与および任官であった。

しかし、参与朝議は孝明天皇が出御する御簾前形式でなく、つまり、原則として諮問形式であり、朝議参加にはほど遠いレベルに止まった。これは、廷臣が武家の朝議への本格的参入を内心は忌避していたためであり、その中心人物はそれまで薩摩藩の利益代表者の一人、朝彦親王(中川宮)であった。また、任命当初から病気がちな松平容保および退嬰的態度を取る山内容堂は名のみの朝政参与であり、実際には慶喜を中心とした春嶽・伊達宗城(むねなり)・久光の四名による体制であった。なお、参与会議と称される朝政参与は、これまで評価され過ぎており、実態を正しく把握する必要があろう。

一方、参与諸侯の幕政参画、つまり二条城の老中御用部屋で用談に参加することについて、春嶽が繰り返し慶喜を始め閣老に求め続けていたが、その実現はなかなか叶わなかった。しかし、家茂は二月十四日の参内時、朝彦親王より参与諸侯を幕政に参与させ、国事を議することを勧告されたため、同意せざるを得なかった。

そして、早くも十六日には御用部屋に入ること、すなわち幕政参画を許可し、各藩士も召して意見を述べさせることを達した。形式的ではあるが、将軍の下での二院制的体制の確立ではあったが、こちらも単なる形式に過ぎず、幕政の枢要に与ることは全く不可能だった。さらに、久光は孝明天皇が嫌う晃親王の還俗を画策し、朝廷に無理強いをしたため、肝心の天皇とも疎遠になっていた。

こうした背景の下、朝政参与体制はあっけなく瓦解を迎えることになる。廷臣は必ずしも諸侯の朝議出席を好まず、参与朝議は主として諮問事項の伝達であり、かつ諸侯からは意見の開陳に止まり、全体を通じて機能不全であった。なお、十三回の参与朝議において、孝明天皇の出御による御簾前会議はわずか二回であったことが、それを象徴している。

また、この間の二大懸案事項は横浜鎖港の是非と長州藩処分の方針決定であったが、朝幕共に因循で参与諸侯の期待を大きく裏切るものだった。しかも、久光の摂海防御や湊川神社設立の建言に対し、慶喜を始めとする幕閣は朝廷の信任を一身に集めようとする久光の策謀として警戒を強め、その不信感の対象が他の参与諸侯にも波及していた。

そして、この体制に止めを刺したのが、主として宸簡問題（薩摩藩が秘密裏に草稿を作成）を通じて慶喜の久光に対する嫌疑が抜き差しならないレベルに達し、両者が決定的に疎遠関係に移行したことによる。慶喜は当初、円滑に中央政局を運営するため、参与諸侯と協力体制にあったが、家茂上京（一月十五日）後は参与諸侯に嫌疑を抱き、かつ自身が忌避される幕閣（政事総裁・閣老）との関係にも苦慮し始める。

加えて、宸簡問題や幕府要路の一員との認識から、慶喜は一転して幕府よりのスタンスを取り、あくまでも慶喜の奮発に期待して、様々な働きかけを続ける参与諸侯と溝が生まれた。中でも、想像を超えたレベルで久光が勅諚を意のままにし、幕府を朝廷に隷属させる目論見であることを慶喜は察知し、中央政局から排除しなければならない対象と久光を見なした。これは幕府の無力な実態も熟知していた慶喜が、雄藩主導による国政運営を自らの手で阻止しようとしたためであり、至極当然の帰結であった。

三月二十五日、慶喜は念願の禁裏守衛総督・摂海防禦指揮に就任したが、朝彦親王という朝廷切っての実力者を久光から奪い取ることで可能となった。これは、慶喜の参与諸侯に対する完全勝利を象徴する出来事であった。慶喜の政治力に敗北した参与諸侯は、中央政局に見切りをつけて退京を開始し、諸侯の朝政参与という形態を伴った国事周旋はここに終焉を迎えた。諸侯の退京を待っていたかのように、四月二十日に朝廷は庶政を幕府に委任したため、大政委任が国是として確立した。

久光退京後の中央政局について、島津久治（図書、久光次男）・小松帯刀・西郷隆盛・吉井友実・伊地知正治らが在京したが、久治は久光の傀儡的名代に過ぎず、あくまでも小松が久光の名代として薩摩藩を代表し指揮命令権を掌握した。久光は三分の一にあたる五百の兵力を残留させたが、その目的は御所の警衛とされた。当時は諸侯が次々に退京を始めており、財政問題もあいまって兵力と呼べるような在京藩士は残っておらず、薩摩藩の五百は過大な兵数と言えた。御所警衛もさることながら、長州藩の率兵上京に伴う戦闘を意識していたことは自明であった。

このころの薩長関係は、八月十八日政変および薩摩藩船への砲撃（文久三年十二月二十四日、幕府からの借用船が砲撃され、六十八人の乗組員中二十八名が溺死）によって、著しく険悪となり、一触即発な関係にあった。会津藩同様、最も強硬な対応を求めており、幕府の長州征伐の方針に対して、積極的に支持を表明し、久光は国許の藩主茂久に出兵の怠りない準備を指示、茂久はそれに応えて軍事操練を継続していた。

久光は帰藩にあたり、在京藩士に対して「将来他事ニ亘ラス一向禁闕ノ守護ニノミ力ヲ尽スヘシ」（『忠義公史料』三）と、御所の警衛のみを命じる諭告を残しており、小松以下の在京藩士はその遺策を順守し、周りの雑言を全く無視して禁裏守衛一筋に励み、長州藩およびそれを支持する廷臣や尊王志士の動向を熟視していた。

ところで、西郷隆盛は沖永良部に流罪となっていたが、元治元年二月二十一日に鹿児島に帰還を許され、早くも三月四日に上京を命じられ、十四日に着京後、十八日には久光との謁見を許された。そして、十九日に軍賦役兼諸藩応接係、四月八日に一代新番、十四日に小納戸頭取・役料米四八俵・御用取次見習、五月十五日に一代小番・小納戸頭取と短期間に藩要路への復帰を果たした。久光帰藩後の中央政局において、西郷は小松の参謀として吉井・伊地知と共に、まずは元治期、禁門の変前後の中央政局の舵取りをすることになった。

長州の率兵上京

中央政局における長州藩の動向について、当時は京都留守居役の乃美織江の他に、桂小五郎・久坂玄瑞・入江九一らが潜行して周旋活動を継続しており、福岡・鳥取・芸州・対馬・水戸の諸藩士と連携し、長州藩主の宥免活動を展開した。また、廷臣への入説の攻勢も強めており、例えば四月十七日、乃美と桂は正親町三条実愛を訪ね、藩主父子いずれかの上京や攘夷国是の確立等を懇願して理解を得ていた。

しかし、五月十日、朝廷は長州藩に対し、幕府に大政委任したため支藩主等の上坂を取り消し、幕府からの沙汰を待つように命じた。当初、藩政府は率兵上京による嘆願に消極的であったが、京都に潜入した来島又兵衛や久坂らは、諸侯の退京や上方の人心が長州贔屓（びいき）であることを事由に、率兵上京を進言した。そのため、世子定広の上京の機は熟したとし、五月二十七日には国司信濃に上京を、福原越後に水戸藩の内訌に乗じて幕府に哀訴するため出府を命じるに至った。

六月四日に国司に続いて定広が上京することに決し、六日には繁枝野（周防国吉敷郡）において諸隊による操練に参加した。既に率兵上京の準備を開始していた十四日、新選組が尊王志士を襲撃した池田屋事件の急報が届いたため一藩動揺を来し、益田右衛門介にも上京を命じたため、ここに世子および三家老（国司・福原・益田）の率兵上京が確定した。十五日には早くも、福原・来島・久坂・真木和泉らが諸隊や浪士などを率いて三田尻を発し、その後、定広および吉川経幹（つねまさ）の出陣が予定された。

六月二十一日に久坂・入江・真木らが、翌二十二日には福原・来島らが大坂藩邸に到着、前者は二十四日に山崎周辺を占拠し、老中稲葉正邦（淀藩主）を通じて七卿・藩主父子の雪免および入京を朝幕に懇請し、また後者は伏見藩邸に陣取った。二十五日に久坂らは陳情書を薩摩・鳥取・仙台・肥後等の諸藩京都留守居役に送付し、上京の事由を述べて斡旋を依頼したが、これに対し、薩摩藩等は明確に拒絶の態度を示した。二十六日に来島は京都に潜入していた浪士も糾合して嵯峨天龍寺に駐屯し、二十七日に寺島忠三郎らは石清水八幡宮を占拠したため、淀川を挟んで八幡・山崎は長州藩の手に落ちた。

そのような中で、六月二十三日、大坂城代大河内信古（三河吉田藩主）は大坂警衛諸藩および近隣諸藩に警備を沙汰し、翌二十四日に幕府は薩摩藩の京都留守居役に長州藩士の大坂への進出が多数になったため、淀へ出兵して京都の入り口を警衛し、粗暴な振る舞いが万一あった場合、厳重に対処すべきことを命令した。これに対して小松は、久光帰藩時に朝廷から相当数の御所守衛人数を残すように命じられており、また、久光からも禁裏守衛をきつく申し付けられている。時勢に緊迫度が時々刻々増しており、他方への守衛に人数を割くことはできないとして、出兵要請を拒否した。朝政参与体制の崩壊後、薩摩藩が幕府と距離を明確に置き始めた起点として注目したい。

このように、長州藩が率兵上京したため、幕府から派兵の要求があったものの、薩摩藩としてはあくまでも長州・会津両藩の私闘と規定し、幕命を拒絶しているが、その背景には、禁裏守衛に専心するという久光の遺策の順守があった。在京藩士の中には異論を唱える者もあったが、小松の強力なリーダーシップの下、西郷が実際には説得役となって沈静化し、次なる事態に備えて藩邸全体が泰然自若としていた。
一方ではこの事態を受け、六月二十七日に小松は在藩家老に対して良く訓練された藩兵を派遣するように要請した。その事由として、長州藩は朝廷を欺き有栖川宮熾仁（たるひと）親王や正親町実徳を取り込んで、八月十八日政変以前の叡慮を真の叡慮としようとしており、そうなると薩摩藩は一番先に攻め崩されることは間違いなく、日本もこれ限りである。よって、征討の勅命が出た場合は戦闘に加わる決心であることを明言した。久光は直ぐに出兵を裁決し、早くも七月六日には川上右膳・島津頼母らに率兵上京を命じたため、十分な武装を施した藩兵四五〇人を伴い、禁門の変直前の十二日に入京した。

　このような切迫した情勢の中で、老中稲葉正邦は七月八日に各藩留守居役を呼び出し、勅命による長州藩説得を十一日までに行うことを沙汰した。しかし、小松・西郷は勅命の背後に慶喜の存在を確信し、慶喜の手柄に帰してしまうことを警戒して拒否した。慶喜に対抗していくためには、薩摩藩としては奉勅し難かったとは言え、勅命であっても幕府に煽動された非義の勅命には従うことはできないという意思表示であった。薩摩藩にとって、都合の悪い勅命には従わない志向性を明確に示した、最初の事例として極めて重要である。

七月十一日の朝議において、事態の切迫を受けて長州征討が本格的に議論され始め、また翌十二日に四五〇人の薩摩藩兵が入京したこともあり、在京の薩摩藩要路は長州征討の勅命獲得に向けて動き出した。その任を吉井が担当し、各藩への周旋活動を行い、十五日には土佐藩士乾市郎兵衛、久留米藩士大塚敬介・田中文次郎と上書して、長州藩諸隊の駐屯をこのまま放置すれば、朝廷の威光にも関わると憂慮を示す。そして、断然なる処置、つまり長州征討の勅命を発することを暗に要求した。

十六日には薩摩藩・土佐・越前・久留米・肥後等の在京諸藩の要路数十人が三本木に会して長州藩問題を議したが、薩摩藩からは西郷が参加した。そして、二条関白からの要請により、長州征討を例え薩摩藩一藩であっても実行すると断言し、一致協力を求めたため諸藩は同意した。一方、十八日夕刻に有栖川宮幟仁（たかひと）親王・熾仁親王、大炊御門（おおいのみかど）家信・中山忠能・橋本実麗（さねあきら）らは急遽参内し、長州藩の嘆願を受け入れて松平容保を追放すべきことを奏請した。親長州藩廷臣の動向は、長州藩と鳥取藩が中心となり、岡山・加賀藩とも通じたクーデター計画に則ったものであったが、この列参に対しても、孝明天皇は冷静に対処し、自派の廷臣を至急呼び寄せた。

午後十時頃に朝彦親王・晃親王・関白二条斉敬（なりゆき）・内大臣近衛忠房らは急ぎ参内し、大炊御門らからの容保征伐の議を不可として激しい論争を繰り広げた。そして、深夜二時頃、慶喜もまた召命を受けて参内し、小御所における御簾前朝議において、関白以下の列参廷臣全員の前で容保征討の不可を力説した。そして慶喜は、最早長州藩と鳥羽方面で戦火を交えており、その罪状は明白であるとして長州藩追討の勅許を懇請した。

慶喜の獅子奮迅の奏聞によって、遂に十九日早朝に慶喜以下の在京諸藩主に対して、「長州脱藩士等挙動頗差迫、既開兵端之由相聞、速総督以下在京諸藩兵士等、尽力征討、弥可輝朝権事」（七月十八日「長兵征討ノ勅命」、『玉里』三）と、長州追討の勅命が下った。なお、一会桑勢力の結成については諸説あるが、この長州藩征討の勅命をもってその成立としたい。

禁門の変における薩摩藩の動向について、七月十八日、大目付永井尚志、目付戸川忠愛らより慶喜の命として各藩の守備について沙汰があり、薩摩藩は天龍寺の主力に対する先鋒を命じられた。翌十九日の長州藩征討の叡慮によって、この沙汰は幕命でありかつ勅命に格上げされた。未明には人数を天龍寺と乾御門御守衛の二手に分けたが、長州藩の猛烈な攻撃に晒される他藩の援護に廻らざるを得ない情勢となり、天龍寺方面に向けての進軍はあきらめ、大砲・小銃隊を押し出して蛤御門等で激戦を繰り広げた結果、長州軍は敗走を始めた。

一方、鷹司邸に多人数の長州藩兵らが立て籠もったが、こちらも鎮圧され、この段階で御所周辺の戦闘は官軍の勝利に帰結した。早朝より始まった戦闘は、午前十時頃には大勢が決したが、その後は市中での落ち武者狩りに移行していた。なお、この鷹司邸と室町あたりからの出火から、猛烈な火災となり、鎮火が進まず洛中は残らず焼失、洛外にも飛び火しているが、この出火は慶喜の下知によるもので、長州藩残兵の掃討のためであった。

二十日未明には、小松が一隊を率いて天龍寺の残兵掃討に向かい、当初予定していた天龍寺周辺の鎮圧も難なく終えている。この天龍寺征伐において、薩摩藩はクーデターを計画した長州藩と廷臣、鳥取・岡山・対馬・加賀等の各藩との密謀の文書を多数押収しており、その中には毛利父子の国司信濃宛の黒印状（藩主からの軍令状）も含まれた。禁門の変は長州藩の大敗によって幕を閉じたが、官軍の主力となった薩摩藩との関係はさらに悪化してしまった。事態は朝敵となった長州の征討に動き出すが、その過程において薩長関係も大きな転機を迎えることになる。

第二章　第一次長州征伐と幕薩対立

第一節　西郷隆盛の強硬論とその変節

禁門の変直後の長州藩に対する薩摩藩の方針は、小松帯刀を中心に西郷隆盛・吉井友実・伊地知正治を中心とした在京要路の認識に基づいており、将軍家茂の進発を前提とした強硬論であった。実際の戦闘を体験している在京藩士が、即時征討を唱えるのは至極当然であり、中央政局の雰囲気そのものであった。しかし、幕府から将軍進発は宣言されたものの、容易に実現する気配はなく、征討責任者である総督の人選も在京幕閣は松平春嶽を推したが、江戸政府は総督に前尾張藩主徳川慶勝、副将に越前藩主松平茂昭を指名した。

徳川慶勝

一方で、薩摩藩の内政においては、下層藩士の勢威が増しており、その動向を抑えて上からの統制を取戻し、また、様々な藩政改革を実現するため、久光の実質的名代として在京する小松の早期召還は回避できない情勢であった。中央政局の不穏な状況から、なかなか帰藩は叶わなかったが、禁門の変で長州藩を撃退したため、暫時の帰藩が可能との判断から、小松は八月二十二日に大坂を発して鹿児島に向かった。なお、国許における長州征伐に対する動向であるが、当初は京都からの注進を踏まえ、既に長州藩との戦闘に向けた軍備を整え始めており、八月五日には藩主茂久が長州征伐に出陣する旨の藩達が家老連名で出され、臨戦態勢が敷かれることになった。

その後、幕府は将軍進発の方針を取り消さないまでも、その実現に向けた具体的な動きは見られず、また総督問題もなかなか決着を見なかった。西郷は鹿児島の大久保宛書簡（九月七日）で、慶勝が所労（体調不良）を事由に総督を辞退しているため、会津・桑名・尾張藩は慶喜が総督に就くことを幕閣へ働きかけていることを伝える。在京要路も異論がなかったものの、慶喜の起用は極めて可能性が低いため、西郷は副将の茂昭を代理総督として推し、征討を実現するため周旋を行う了解を求めた。

また、九月六日の茂昭上京後、西郷は直ちに越前藩士村田巳三郎らと会談し、茂昭はいずれ副将に任命されるので、総督を待たずに代理として、長州征伐に出張すべきことを申し入れたと述べた。その際、越前藩から在坂の勝海舟が幸いにも帰府の予定であるため、将軍進発の尽力を勝に依頼する提案があり、それに応じ西郷は吉井を伴い、十一日に茂昭からの周旋依頼の勝宛直書を持った越前藩士青山小三郎らと共に下坂して面談に及んだ。その後の西郷の、長州征伐における強硬路線からの後退を触媒したものとして、重要視されてきた周知の歴史的会談であるため、その意義を再検討したい。

西郷・勝会談

西郷らの事前の申し合わせでは、勝を責めつけて関東に下向させ、将軍上落を実現するつもりであった。しかし勝は、江戸幕閣は因循の臭気が抜け切らず、特に近頃は安政五年(一八五八)当時の俗吏が復活しており、老中が会津藩士との面会すら拒否している状況では、帰府後の周旋は全く無意味であると峻拒した。そして、幕府は当てになどならず将軍の進発は不可能であり、雄藩が奮発しなければ長州征伐など画餅であると切言して、西郷らを驚かせた。そして、勝の国政論は長州征伐を実行し、幕吏を批判して公議会を設けて諸藩士といえども希望者は出仕させ、公論によって国是を定めるべきであるとの策であった。西郷らは只今のところ、この方法でなければ国家の挽回はあり得ないと同調する。

また西郷が、外国艦隊が摂海へ押し入った場合の対策を勝に尋ねたところ、有志大名で四・五人の会盟を実現し、外国艦隊を打ち破れる兵力を集結し、横浜および長崎の開港を前提に兵庫開港は筋を立てて談判し、条約を結び直せば皇国の瑕瑾（かきん）とならず異人も条理に服すると勝は説く。その結果、天下も安定し国是も確立するとして、賢侯の上京までは勝が責任を以って幕閣に迫り、外国船の摂海への来航を阻止しておくと明言したため、西郷も大いに感服して賛意を表した。

一方で西郷は、現時点でこのような議論を興してもうまくいかず、また幕府が有志大名の離間策を採ることは疑いないので、摂海に外国船が来航して談判を迫ってきた時に諸侯会盟策を持ち出して、一気にその方向に持っていく必要がある。そして、一度この策を用いた場合、それ以降は「共和政治」をやり通さなければならないと、在藩の大久保に決意を伝えた。西郷がこの時点で描く「共和政治」の中心は諸侯会議であるが、実現しない場合は鹿児島に割拠して富国策を講じる必要があるとつけ加えた。

禁門の変を自らの兵力によって制した薩摩藩にとって、長州征伐は迅速にかつ徹底的に実行されなければならなかった。そのため、将軍進発を執拗に求め、それが叶わない場合は総督または副将による名代を期待した。しかし、長州征伐後の薩摩藩の方針については、朝政参与という有力諸侯による国政参画が失敗したばかりであり、次なるビジョンに確固たるものがなかった。そのため、西郷は勝の大政委任に捉われない「共和政治」という諸侯会議構想に大きな関心を示した。勝から幕閣の無能ぶりと復古主義の実態を吐露されたこともあいまって、今後の有力な藩是として認識し、その実現が叶わない場合は、国許に割拠して富国強兵を図り、幕府との対峙も辞さない意向の醸成がうかがえる。

なお、西郷が大久保に対し、「然しながら、次第して申さば、長征の処第一の訳に御座候間、折角促し立て、油断は致さず候間、左様御納心下さるべく候」（『西郷隆盛全集』（以下『西郷』）五）と、長州征伐を油断なく実行することが第一であると強調していることは重要である。つまり、勝との会談は長征強硬路線からの後退を触媒したものではない。勝が西郷や吉井に幕府の内情を暴露したと同時に、その後の薩摩藩の国事周旋への示唆を与えたことに重要性があり、だからこそ西郷は勝を極めて篤く信頼したのだ。

小松の帰藩以降、中央政局における薩摩藩の舵取りは西郷に委ねられたが、その方針は小松在京時に決定された早期の長州征伐と厳罰処分の実現にあり、その方向性は一貫していた。西郷書簡（大久保利通宛、九月十九日）によると、長州征伐が早急に実現しそうであり、開戦日が決まり次第、西郷自身が芸州藩に乗り込むと述べる。そして、岩国や徳山などの支藩を本藩と引き離し、暴徒の処置を同じ長州人にさせると、これまでの戦略を繰り返し主張する。このように、西郷の方針にはぶれがなく強硬路線で一定していたが、小松の上京を契機として、薩摩藩の長州征伐の方針は変化することになる。

ところで、小松帰藩後の藩政であるが、トップダウンによる人事・軍事・言論に関する諸改革が実現していたが、加えて小松の帰藩中に、その後の薩摩藩の政治的スタンスを規定する大きな方針の決定があった。小松の帰藩前、四国連合艦隊による下関砲撃事件（八月五日）の一報がもたらされた際、長州征伐の猶予を幕府に求めることにした。しかし、和議が成立した事実を踏まえ、また、小松が征討実行を具申したこともあいまって、既定の強硬路線を堅持する方向性であった。

黒田清綱の建言

しかし、軍賦役黒田清綱の建言から藩論は大きな転換点を迎えた。その上書では、最初に毛利敬親（元治元年八月二十二日、幕府は長州藩主毛利慶親・世子定広の官位および将軍から与えられた偏諱を剝奪したため、十一月四日、慶親は敬親、定広は広封と改名）より禁門の変について、朝廷に対して十分な謝罪があれば、寛大な処置も可能となるが、そうでなければ朝幕共に断然と追討を決すべきであると提言する。

しかし、幕府が忌み疑うところは薩長二藩が強盛になることで、以前より両雄を戦わせる施策は往々にして見られたが、今回は禁門の変を引き起こしたため、幕府には長州藩を征伐する以外の方策はない。そこで、薩摩藩を先鋒として使役させ、藩の勢威を削ぎ落す底意である。この様に、長州藩の恨みを薩摩藩に及ぼそうとの魂胆であることは疑いなく、今回の長州征伐では先鋒を辞退した上で戦功を立てることを主張した。さらに、関ヶ原の戦いや大坂夏の陣を例に取り、幕府によって藩地を削られたり、滅亡に追い込まれたりした実例を挙げ、その奸計によって藩の勢威が損なわれたり、滅亡に追い込まれることへの危惧を示して至急の対応を暗に求めた。

黒田清綱

この間の薩摩藩の長州征伐に対する方針は強

硬論一辺倒であったが、黒田の建言ではあくまでも長州藩の出方次第であるとの姿勢を示しながら、初めて長州藩に対する寛典処分の可能性を打ち出している。確かに、甚大な戦費の調達による疲弊は回避すべきとの認識はあったものの、それ以上に幕府の奸計によって、長州征伐の次は薩摩征伐が実行される可能性を強く意識していた。そして、朝政参与の瓦解以降、幕府への不信感をかこっていた久光にとっては、重要な示唆であったことは想像に難くない。

また、禁門の変後の対応について、久光に対する同志・周辺諸侯からの依頼があった。例えば、前宇和島藩主伊達宗城は今後の相談のため家老まで派遣する勢いであり、久留米藩主有馬慶頼は薩摩藩の主導による長州征伐を期待し、そこでの連携を懇請した。佐土原藩主島津忠寛は、久光出陣の場合は、忠寛自らが長州征伐に供奉することを表明した。こうした様々な依頼は、久光に幕府と対峙することが可能であると決断を下すにあたり、精神的支柱となったであろう。

このように、久光は小松の帰藩によって藩内の不満分子を抑えて人事・軍事改革を実行し、また、有力藩士の建言に乗る形で抗幕的な政治姿勢に転換し、基本的には藩地に割拠して富国強兵を図り諸藩連合を模索する体制に、元治元年八月の段階から大きく藩是を修正した。その方針を、大久保の西郷宛書簡（十月六日）で確認したい。

小松も既に着京したと思うが、久光が定めた今後の方針として、国政よりも藩内の富国強兵が急務となった。よって小松・西郷ら、在京の藩要路の至急の帰藩が沙汰されたため、十分に承知の上で相談していると推察する。とは言え、長州征伐の動向によっては暫時見合わせとなるかも知れず、状況は複雑であるが、小松・西郷の両人の帰藩が叶わなければ、一人だけでも帰藩して欲しいと懇請する。そして、とにかく大志（割拠・諸藩連合）の実現を基本に据えて行動しなければ済まないと切言した。

ここからは、禁闕守衛を最優先としてきた薩摩藩が長州征伐を機に中央政局から撤退し、薩摩藩自体の富国強兵を企図して割拠する強い志向を確認でき、しかも小松・西郷ら要路の帰藩方針は思い切った施策であった。さしあたって、小松が上京して長州征伐における攻め口変更・先鋒辞退を周旋することから始めることになったが、長州征伐は必須としながらも、それによる薩摩藩の損害を最小限に留めようとの方向性が垣間見える。なお、時期は若干下るが、十二月の黒田書簡には「御両殿様ニ於テハ、予テ寛大至仁之尊慮ニ被為入」（『鹿児島県史料（忠義公史料）』三）との久光の対長州藩の意向が示されており、長州藩の寛典処分も既に視野に入れていたことがうかがえる。

総督問題の決着と薩摩藩の軍略

小松不在時の中央政局における最大の政治課題は、やはり長州征伐の総督問題であったが、将軍の進発が実現しない中、元治元年九月十四日に慶勝は名古屋を発し、二十一日に入京した。二十三日、老中稲葉正邦は家茂の命により慶勝に陣羽織・采配を下賜したが、それに対して慶勝は、長州征伐の全権委任を懇請した。十月四日に幕府は軍事委任の朱印状を交付し、九日に至り、総督慶勝以下に進軍を促し、副将茂昭に九州発向を命じた。

十月六日、征長総督府は従軍諸藩に対して、大坂において軍議を開くので二十日までに近国は藩主自身、その他は家老の参集を、十月十一日には出征諸藩に十一月十一日を期して配備を完了し、同十八日に攻撃を開始することを命じた。こうして、ようやく総督問題はけりがつき、征長への段取りが整いつつあったものの、軍略等は未だ曖昧なままであった。

小松は九月二十九日、約一ヶ月振りに着坂（十月二日着京）したが、その主目的は長州征伐の先鋒辞退であり、長州藩の寛典処分も辞さない藩の新しい方針に在京要路、つまり西郷を説得することも伴った。しかし、慶勝がようやく総督を受諾し、いよいよ長州征伐が実行に移される直前で、しかも、外国艦隊がいつ摂海湾に侵入し、通商条約の勅許を求めないとも限らない慌ただしい状況にあった。そして何より、西郷を始め在京藩士が長州藩処分の強硬路線を堅持していた。

西郷は大久保宛書簡（十月八日）において、幕府は禁門の変での薩摩藩の活躍が格別であったことから、今回は困難な攻め口を担当させ、失敗させる魂胆であると断言するものの、わずかに五・六万石での国替えを主張した。国を滅ぼしてしまうと、その後、薩摩藩にどのような災難があるかも分からないとして、藩の存続は認めながらも厳刑を求めており、国許の意向に十分に服していなかった。

西郷は勝との会談によって、共和政治（諸侯会議）を志向し、実現が困難な場合は幕府と対峙して、藩地に割拠することも辞さない点では久光と同意見であった。しかし、あくまでも順序としては長州征伐が先であり、小松不在時に中央政局を切り回していた西郷は、そう簡単に厳罰論を引っ込めるわけにはいかなかった。国許の雰囲気が分からない西郷らに対して、慌ただしい摂海状況もあいまって、小松も当初はその意向を黙認せざるを得なかった様子がうかがえる。

久光の意向に反して、強硬論に固執していた西郷であったが、奈良原繁が十月六日に鹿児島から上京して、抗幕方針にかかわらない西郷の召還命令を伝えたことから、さすがの西郷も変心するに至った。召還事由は西郷の久光に対する越権行為にあり、久光が西郷に強く戒めた事象であった。具体的には、西郷は近衛忠房から会津・肥後・久留米等の諸藩と談合し、将軍上洛を早々に実現すべく周施することを命じられた。そこで、他藩には近衛より命じるように懇請し、海江田信義にその旨申し含め、九月一日には出府させたことを大久保に告げて、藩政府に了解を求めていた。忠房から依頼があったとはいえ、それは藩主に対するものであって、西郷が職掌を逸脱して独断で江戸での周旋を決定し、海江田に命じたことに対して、久光は西郷の独断専行の行為として見逃すことはできなかった。

久光からの召還命令に対し、西郷は大久保宛書簡（十月八日）において、「京の事に付き、帰国の一条に付いては、私には御受け仕る、何とも申し上げ難き次第にて恐れ入り候訳に御座候」（『西郷』二）と甚だ恐縮の体を示し、帰藩の意志があり出処進退は衆議に任せたことを告げる。しかし、外国船の摂海湾への来航も噂され、しっかりと現状を鹿児島に戻って言上すべきではないかと考え、小松に相談したところ、今や朝廷危急の際なので、来月までは見合わすように命じられた。小松より委細連絡があるので、その旨了解することを求めて、久光への取り成しを依頼した。

西郷は中央政局に復帰後、久光の遺策である禁闕守衛を尊奉し、小松に協力して禁門の変を乗り切り、小松の帰藩後は西郷が中心となって、長州征伐に向けた将軍進発や総督問題を周旋していた。この間、八月二十八日には藩主父子から禁門の変での戦功から感状・陣羽織・拵刀を賜り、十月八日には側役・役料米九十石・代々小番に昇進するなど順風満帆であっただけに、中央政局からの離脱、その先の処分が彷彿され、西郷が受けたショックは相当なものであったことがうかがえる。

なお、西郷はこのタイミングで、別件でも大久保に久光への取り成しを懇請している。具体的には、十月六日に岩下方平が江戸から急遽上京し、将軍上洛の件を岩下が大久保忠寛と相談したところ、因循で直ぐには実現しそうにないため、天璋院から一言口添えしてもらえば、老中たちも反対できないだろうとの結論となった。そして、岩下は西郷にその周旋を依頼したところ、西郷は国許へ伺いを立てていたらこの事態に速やかに対応できないと危惧し、近衛忠房に天璋院宛の書状を依頼し、併せて忠房から久光の四男で在京の島津珍彦（うずひこ）に意を達して、珍彦からも天璋院宛の書状を発することを実現した。

西郷は続けて、こうした行為に対する久光の心証がいかがかと案じており、西郷の独断専行を疑うこともあろうと率直に述べ、大久保から久光への取り成しを依頼している。本件についての久光の反応ははっきりしないが、大事には至らなかった。しかし、久光の西郷に対する看視の態度が明確となり、その後の西郷の中央政局における行動を大きく制約することになった。

さて、西郷の召還問題について、小松は十月八日に大久保に書簡を発し、小松・西郷両人が帰藩することについて、西郷にすぐに申し入れたところ、西郷には全く異論がなかった。しかし、摂海に外国船がいつ来航するとも限らないため、どうしても捨て置くことは出来かねるとし、どちらか一人の帰藩を早々に実現をしたいとの意向を示した。さらに、小松は十二日の大久保宛書簡でも、西郷は長州征伐に参加した後で鹿児島に向かい、小松は状況次第で早々に帰藩することを告げている。このような情勢において、小松の取り成しもあいまって、今回の久光の西郷への嫌疑は差し当たって鎮静化したようで、西郷の召還は沙汰止みになったものの、西郷は久光の方針である抗幕・富国強兵・長州藩寛典に従うことになった。

この時点での西郷の長州征伐に対する方針であるが、十月十二日の大久保宛書簡では、征討軍がいかに多勢であったとしても、追い詰められた長州藩は死にもの狂いであり、容易に攻め落とすことは困難であるとして、「長人を以て長人を所置したきものに御座候」（『西郷』二）との自説を展開した。そして、今回の長州征伐を失敗すると禁門の変での勝利も水泡に帰し、薩摩藩の権威も失墜しかねないとの危機感を募らせる。

この段階では、長州藩厳罰論の開陳はなされず、宗藩・支藩の離間策の自説を繰り返し述べるものの、むしろ末家まで厳罰に処して遮二無二に攻め入ろうとする幕府の姿勢を批判している。さらに、薩摩藩の経済的負担から早期解兵を望み、それに向けて尽力することが表明されているが、これは西郷が早期解兵に言及した最初である。しかし、藩費の問題であれば、この段階より以前に表明されていてもおかしくない。西郷の幕府の軍略批判と早期解兵志向は、やはり久光の嫌疑からなる西郷召還が背景にあることは疑いない。

この時点では小松と西郷の方針は一致した模様で、鳥取藩京都留守居役の安達清風は国許の側役に対し、小松が現在の幕府の実態で長州征伐を実行した場合、外国の術中に陥るとして、まずは幕府自体が「反正」しなければとても征討などできるものではないと、慶喜や他藩士に対して明言していることを伝える。この小松の発言は、事実上、長州征伐を否定的に捉えており、薩摩藩の抗幕姿勢が明言されるなど注目に値する。

長州征討の進展

さて、長州征伐の動向であるが、十月十五日、征長総督徳川慶勝は京都を発して大坂の西本願寺を陣営とし、翌十六日には尾張藩附家老の成瀬正肥（まさみつ）も下坂した。二十二日に慶勝は大坂城に副将松平茂昭を始め、大目付・軍目付・使番および従軍諸藩の重臣等を召集し、軍議を開いた。そして、十一月十一日までに長州藩を取り囲んで、十八日を期して進撃することを命じており、薩摩藩からは小松の指示で西郷と吉井が出席をしている。

十月二十四日に至り、西郷は慶勝の宿舎に来るようにとの書状を夕刻に受け取り、早速向かったところ、最初に側用人田宮如雲と面談し、そこに大目付永井尚志が合流、しばらくして成瀬を伴った慶勝との謁見となった。慶勝は陪臣に過ぎない西郷に丁寧な挨拶をして、薩摩藩の真意を確認したいと切り出した。それに対し、西郷は岩国領の吉川経幹が宗藩の恭順実現に向けて尽力する動向を詳しく申し述べた。

策略については、西郷は長州藩内が抗幕・武備派と従幕・恭順派（いわゆる正義党と俗論党）に分かれている現状は天の賜であり、内部分裂を利用して長州人をもって長州人を制する持論を展開した。そして、幕府の強硬姿勢を非難し、武力でなく策略で帰順させることを強く勧請し、この段階で早くも寛典処分の意向を示した。それに対して慶勝は、西郷に全面的な協力を要請し、その上、西郷に脇差一振りの拝領を仰せ付け、一途に尽力して欲しいと述べ、薩摩藩、そして西郷に対して最大限の信頼と依頼の態度を示した。

西郷は小松に対し、尾張藩だけでは長州征伐の遂行は難しく、しかも諸藩からは攻め口変更等の要求で難渋し、弱り目に祟り目の状況であるため、もはや薩摩藩を取り込まなければ首尾を全うすることができないとの見込みであろうとの判断を示した。このような都合から、近頃は尾張藩の態度も著しく丁寧になり、薩摩藩への依頼ばかりであると述べ、早速芸州に向けて出発することの了解を求めた。そして、早くも翌二十六日に、西郷は吉井友実・税所篤および尾張藩士若井鍬吉と共に、大坂を発して広島を目指した。

尾張藩・慶勝の薩摩藩に対する、このように甚大な信頼と依頼はどこから生まれたのだろうか。慶勝の長州征伐の方針は武力を用いず、策略によって恭順を引き出すことにあり、寛典処分を内々の基本としたが、これは「万一幕軍敗るれば、殆収拾すべからざるより、事を穏に決せん」(『贈従一位池田慶徳公御伝記』三)との真意からで、幕権の失墜を食い止めようとする志向がうかがわれる。九月二十一日の入京以降、慶勝側近の田宮如雲・長谷川物蔵は西郷と接触し、薩摩藩の長州征伐の方針である長州人同士で片を付ける戦略を熟知しており、征長軍が戦火を交えず解兵する可能性があるこの戦略への期待があった。

しかも、薩摩藩は有数の雄藩であり、禁門の変においてもその軍事力を如何なく発揮し、長州征伐にも積極的でありながらも寛典処分に傾く薩摩藩を、慶勝が特に信頼し、依頼することは至極当然であろう。そのような背景の下、慶勝は西郷を引見し、その場で全面的な依頼と協力を要請することになった。これ以降、尾張藩は薩摩藩を最大のパートナーとして長州征伐を遂行することになり、藩を代表する西郷を事実上の総督府の参謀として遇することになった。

第二節　長州征伐の経緯と西郷の動向

高崎外交の成功

征討軍が目前に迫っていた長州藩において、抗幕・武備派と従幕・恭順派が鍔迫り合いを繰り返しており、なかなか藩論は統一できず、いたずらに混乱に拍車をかけていた。宗藩の存亡に危機感を募らせた岩国・吉川経幹は、早くも七月二十五日に使者を山口に派遣し、藩主毛利敬親（たかちか）・広封（ひろあつ）父子に対して禁門の変の責任を取り、三家老（益田右衛門介・福原越後・国司信濃）を処分して恭順の態度を示すべきことを進言した。経幹は、もともと率兵上京には慎重な立場であり、藩外で信望もあるため、八月三日、敬親は家老清水清太郎らを派遣し、三家老の首級を差し出す用意があるとして、弁疏謝罪の周旋を依頼した。

これを踏まえ、経幹は諸藩に対する周旋を開始したが、八月十四日には要人を福岡藩主黒田斉溥（なりひろ）の許に派遣し、藩主父子の救解の斡旋を依頼した。九月二日に至り、斉溥は喜多岡勇平らを経幹の許に派遣して、経幹自らが速やかに山口に赴いて藩論を恭順にまとめることを勧告した。そして、肥後藩を始め九州諸藩には長州藩のために周旋する意思はないが、薩摩藩だけは恭順の姿勢を示せば周旋の用意があることを報告した。

吉川経幹

高崎五六

その後、上京した喜多岡は薩摩藩による長州藩寛典への仲介を期待し、薩摩藩士藤井良節と度々面談して経幹の完全恭順の趣意と山口での苦心の動向を伝えた。意外にも、薩長融和の斡旋は福岡藩から始まったことが分かる。それに対し、藤井が薩摩藩も長州藩寛典の周旋を行う意思があり、長州藩および岩国の存念も確認した上で開始したいと、その橋渡しを依頼したため、喜多岡は薩摩藩士高崎五六を伴い、九月二十五日に大坂を出港し晦日に岩国新湊に至った。

高崎は用人香川諒らに対し、経幹の正義は貫徹しており、禁門の変は藩主父子の趣意ではなく、追々悔悟の姿勢も見えるため、長州藩のためのみならず、天下のために手をこまねいて傍観することなどできない。しかも、外国艦隊が襲来する状況において内乱など起こしていれば、外国の術中に陥ってしまうので、何とかして周旋をすべきであると在京要路が決定し、まずは経幹の趣意および長州藩の模様を伺いに当地に赴いたと説明する。

その上で、薩長両藩は互に私怨を持っているとの風聞があるが、そのようなことは全くなく、攘夷については同意であり、その実行の緩急の相違のみによって齟齬が生じている。長州藩は薩摩藩船を砲撃したが、謝罪の使者を派遣したため禍根はなく、禁門の変においても、元より敵対関係にはなかったものの、余儀なく戦闘に及んだ。その際、十人ほどを召し捕らえたが今でも懇ろに保護しており、何れ釈放するつもりで、そうなればさらに両藩のわだかまりは解消することができると、この間の両藩の懸案については問題がないことを表明した。

また高崎は、会津藩は捕虜の長州人の頭に大針を打ち込む残忍酷薄な対応ぶりで、人望を失っており、行動を共にすることができない。幕府は近頃権威を失墜させ政権能力がなく、現在は外国が四海をうかがっている不穏な時勢であり、せめて大藩だけでも手をつなぎ合わなければ、皇国の衰運は目に見えており、遺憾に堪えない。よって、他藩のような名目でない真の周旋を行いたいと連携も視野に入れた提言を行った。

そもそも高崎派遣について、小松不在の京都においてその指示を下したのは西郷であったが、藤井の提案からであり、西郷自らが積極的に動いたものではなかった。捕虜の釈放については西郷の策略であったが、その他の内容については指示をした形跡がなく、この段階での西郷は長州藩厳罰論であり、連携などを検討していたはずがない。ではなぜ高崎はこのような発言を、藩の代表として成し得たのだろうか。

ところで、高崎の上京はいつ頃であったのか。高崎は久光に同行して四月十八日に退京して帰藩したが、その後は藩地に止まり、久光の許で大久保と共に藩政に従事していた。小松が七月二十日段階で両高崎（高崎正風・五六）の至急上京を求めているが、高崎正風の上京は九月早々であり、高崎五六の上京も小松の帰藩と入れ違いに、それ以降であったことが推測される。つまり、高崎は上京前に鹿児島において、側近として久光の意向である長州征伐は寛典論で臨み、その後は朝廷尊奉ではあるものの、藩地に割拠して貿易の振興や軍事改革・武備充による富国強兵を目指し、幕府から距離を置いて将来の戦闘に備えるという抗幕志向を十分に理解していたことになる。高崎の上京時、長州藩厳罰論に固執する西郷は、国許から正式に藩論変更の知らせを受けておらず、よって高崎は藤井を頼り、その口添えで西郷から岩国派遣の許可を得たものであろう。

高崎の発言について、西郷の意向が反映したものは捕虜解放のみであり、その他は久光の方針を前提とし、薩摩藩を代表して岩国関係者と接触しており、交渉を有利に運ぶための方便といった、彼の個人的な発言と捉えることは無理があろう。特筆すべきは、既に今後の長州藩との連携を視野に入れた内容が盛り込まれていることである。長州藩の無謀な攘夷に理解を示し、両藩の反目を決定的にした薩摩藩船の砲撃を不問に付し、禁門の変も事実に反して敵対関係でなかったとする。何より、幕府の失政を非難し、欧米列強の脅威に対抗するために薩長連携を示唆しており、長州藩の危機打開に尽力する旨を提言した。

高崎の動向を踏まえ、経幹は周旋を依頼する親書を高崎に下した。それ対し高崎は、薩摩藩は力が及ぶ限り長州藩のために周旋するつもりであることを明言し、今後は薩摩藩を嫌疑することなく、何事についても依頼して欲しいとの請書を認めた。この高崎外交によって、薩摩藩は岩国を介した長州藩への接触が可能となり、しかも薩長連携の最初となる成果をもたらした。

高崎は岩国での周旋を終えて大坂に帰着し、十月十五日に下坂した西郷・吉井・税所と協議の上、越前・肥後・尾張藩に高崎外交の成果を報告し、薩摩藩の周旋方針への同意を得た。それを踏まえ、高崎は二十一日に岩国関係者に書簡を発し、諸藩は経幹の宗藩への忠誠に敬意を表し、服罪して恭順を尽くすのであれば、たとえ幕府がどのように苛酷な処置を申し立てようが、諸藩は決して承知せず、あくまでも寛典処分に尽力して長州藩を守ることにほぼ決したことを告げた。

そして、繰り返し禁門の変の首謀者を厳罰に処し、悔悟の姿勢を強く示し続けることを求め、藩主父子の軍門謝罪をしきりに勧めて、初めて五卿（八月十八日政変の七卿落ちメンバーで、この段階では五名）の扱いについて言及した。その上で、西郷が岩国まで出向くので依頼して欲しい旨を付け加えた。西郷の西下前に、薩摩藩論が完全に久光の意向である幕府から距離を置き、将来の戦闘に備えるという志向に収斂され、その先駆け的政略である長征軍の早期解兵、長州藩寛典処分の実行、その先の薩長連携に向けて薩摩藩は動き始めた。

この動向を踏まえ、十月二十五日、薩摩藩への周旋と情報探索のため経幹に上坂を命じられた用人・境与一郎は十一月一日に着坂し、薩摩藩邸において歓待され、薩摩藩が尽力する様子を確認した。また、小松から朝彦親王と関白二条斉敬に対し、長州藩が恭順謝罪するように、経幹が尽力していることを告げたところ、至極ご満悦であり、早速奏聞を遂げたと聞き及び、より一層藩を挙げて尽力する心得であることを、国元に知らせるように依頼されている。さらに、小松は江戸においても幕府に対する度重なる周旋も示唆しており、並々ならぬ厚遇である。

ところで、境は岩国に行っても長州藩のために周旋する気は全くなかったが、喜多岡からたっての依頼があったため、長州藩の形勢次第と回答した程度であったとの高崎の発言を国許に知らせている。これを根拠に、薩摩藩がこの時点で周旋に積極的でなかったとされる。また、十一月二十七日に高崎は、肥後藩士に国事周旋に尽力しても昨年来の嫌疑を受けるだけなので、それを回避するため、しばらく政局から手を引いて朝廷や幕閣に心配させ、どうにもならなくなった場合になれば、十分に尽力するとの藩是に決したと述べている。しかし、幕府を仮想敵国として藩地に割拠するという薩摩藩の新しい方針は、この時点で明言することははばかられた。それは、交渉相手の岩国関係者であっても同様であり、高崎の発言もその点を割り引かなければならない。

しかも、当時の廷臣間に薩摩藩に関する忌々しき風聞が流布していた。正親町三条実愛は十一月下旬以降、朝彦親王より近衛忠房と薩摩藩が幕府や慶喜、肥後藩や土佐藩などの諸藩から倒幕の意向があるとの嫌疑を受けており、実際に忠房は薩摩藩の倒幕計画に同意したこと、西郷が長州征伐において狡猾で表裏ある対応をしていることを聞き及んでいる。当時朝廷において、西郷の動向などから薩摩藩に忠房と連携した「倒幕」志向があると噂されていることがうかがわれ、このような雰囲気もあいまって、高崎が薩摩藩の真意を隠蔽するような態度を取ったとしても不思議ではなかろう。

総攻撃の中止

その後、三家老の首級差し出しや四参謀（宍戸九郎兵衛・竹内正兵衛・佐久間左兵衛・中村九郎）の斬首による恭順姿勢が認められ、総攻撃が中止された報告がもたらされたことから、十一月二十六日に境は岩国に向け離京した。その際に小松・高崎は経幹宛書簡を手交し、この間の周旋に深甚な感謝の意を述べる。そして、今後のさらなる尽力を経幹に懇請し、薩摩藩は朝幕に長州藩の寛典処分を求めて皇国全体のために十分尽力するつもりであると明言する。これは在京藩士の方針ではなく、決定した藩是であるのでどうか安心して欲しいと言い切った。本書簡は、薩摩藩家老からの正式な藩是の伝達として極めて重要である。

なお、高崎は在坂の境に対し、翌二十七日に書簡を発し、会津藩が境の上京の情報を摑んで諜報活動を行っていることを告げ、至急の帰藩を促した。会津藩が薩摩藩周辺を探索しており、かつ倒幕志向の嫌疑が朝廷で流布していた事実から、会津藩が廷臣間へ薩摩藩への疑惑を入説した可能性も指摘できよう。

西郷のその後の動向であるが、十一月二日、広島に到着した西郷ら薩摩藩士は直ちに岩国に向かい、四日に到着後、香川諒と会談し夕刻には城に召されて経幹と会見に及んだ。西郷は総督の内命によって参上していることを述べた上で、長州宗藩の悔悟謝罪がいまだに実行できていないのは、甚だ不都合であることを申し立て、三家老の首級を一刻も早く差出し、併せて参謀の処刑も同時に行い、届け出ることを厳しく要請した。本要件は薩摩藩としての単なる提言といったレベルではなく、総督府の意向であることを了解した経幹は、目付を早速萩に遣わし、速やかに三家老・四参謀を処刑するなど、恭順の姿勢を示すことを強く勧請した。

なお、西郷は先に高崎五六が約束していた禁門の変の捕虜十人を同行しており、十一月八日に香川諒・山田右門に対して、早急な引渡しの意向を示した。それに対し、十日に山田は宗藩に対して捕虜の助命の周旋を行うとし、かつ薩摩藩の憐憫の情に富む対応に深甚な謝意を表した。薩摩藩のこの行為は、今回の周旋同様、その後の薩長融和のスタートと位置づけられる重要な事象である。長州藩においても、西郷の好意に対して迅速な対応を始めており、十二月五日、上級家臣である八組士山田重作に厚誼に謝するため鹿児島行きを命じた。このように、長州藩も間髪入れずに薩摩藩との融和関係の模索に動いていたことがうかがえる。

征討軍は既に長州藩の四境に迫っており、総攻撃を回避するために三家老の処刑は一刻の猶予も許されない状況となったが、藩政府は従幕・恭順派に占められたものの、諸隊を中心とする抗幕・武備派の動向から逡巡を続けていた。十一月十一日に至り、藩政府は経幹の意向に沿う形で三家老に自刃を命じ、翌十二日に四参謀を斬首に処した。十四日には長州藩家老毛利隠岐・志道安房は三家老の首級を広島の国泰寺に護送し、総督名代成瀬正肥らの実検に供し、四参謀の処刑および久坂玄瑞・寺島忠三郎・来島又兵衛の禁門の変での戦死を報告した。成瀬は恭順の姿勢を評価し、直ちに総督の名によって、十八日の総攻撃延期を従軍諸藩に内達した。ここに西郷の周旋によって当面の武力征討を回避できたが、次なる課題は征長軍の解兵をいかに導くかにあった。

経幹は解兵と寛典処分を総督府に求めるため、十一月十二日に岩国を発して広島に向い、十六日に成瀬との会見を国泰寺において許された。西郷は前日に同席を命じられており、当日に広島に到着した慶勝にこの間の顚末を報告後、会見場に赴いた。西郷はこの間も正式な辞令はないものの、総督府の参謀格の役割を果たしていたが、経幹引見の場に陪席を求められたことから、事実上の参謀として目される契機となった。

なお、正式な会見の前に西郷は内々に、この後、黒印状について詰問があるが、どのように回答するつもりかと尋ねたため、経幹は暴臣らにたぶらかされ、疑いながらも黒印状を渡してしまったと応じる覚悟であると回答した。西郷はそれを了解し引き取っているが、事前に詰問内容を経幹に漏洩し、回答の確認をしている事実から、薩摩藩の周旋実行への並々ならぬ決意がうかがえよう。

成瀬の他に大目付永井尚志・目付戸川忠愛・軍目付三名が居並び、次の間に芸州藩家老辻将曹・西郷が詰めていた会見において、永井は城の召し上げと藩主父子の面縛を経幹に求めた。会見時の成瀬の発言については、諸史料に言及がないことから、征討軍を代表して永井が詰問役となっていたことは間違いないが、事前に総督府と調整していた形跡は見られない。永井が城の没収等を明言したため、経幹のみならず、居合わせた総督府関係者が一応に驚きを禁じ得なかった事実はその証拠である。

幕府を代表する永井は長州征伐に厳罰で臨もうとしており、寛典処分を目論む総督府・芸州藩、そして薩摩藩を代表する西郷が、広島において永井とコンタクトを取らなかったことはむしろ自然であろう。こうした情勢において、経幹は辻や西郷に依頼せざるを得なかった。加えて、西国諸藩連合が形成されつつあることは看過できない。福岡藩は乗り遅れた国事周旋への挽回を期し、一方で諸隊の窮地を救うため、また芸州藩は隣国長州藩の国難を救い、その先の自国の安穏を得るため、そして薩摩藩は幕府に対抗するためと、それぞれの目的は必ずしも一致していなかったが、長州藩救済との方向性は一致していた。

永井要求の回避を経幹から依頼された西郷は、慶勝と永井に面談に及び、面縛・開城を求めるのであれば、談判などする必要はなく、直ちに戦端を開いて城下に押し寄せるべきであり、「古来刀折れ矢尽き、所謂九死一生に迫まれる場合ならては行はれかたき」(『幕府征長記録』)ことである。にもかかわらず、現状は長州藩の四境を取り囲んでいるだけで、いまだに一戦にも及ばざる段階で、要求すべきことではないと苦言を呈した。さらに、戦況が長引くことにより、征討軍が耐え難い疲弊に陥り、しかも必ず内紛も派生することになる。そうなれば、幕府の命に従う藩はなく、幕威は低下して内乱になるとの危惧を呈した。

それに対し、永井は弁解して西郷にその後の対応を委託し、事実上要求を撤回した。このように、芸州藩主に反対を表明させた辻と共に、西郷は極めて迅速な対応によって経幹への誠意を示した。他方、永井ら幕閣は寛典論でまとまる総督府・芸州藩・薩摩藩に包囲され、幕府の権威を全く発揮できない窮地に追い込まれていた。

十一月十八日に至り、慶勝は稲葉老中らと共に総督府本営にて三家老の首実検を行い、改めて同日予定されていた総攻撃の延期を従軍諸藩に対して沙汰し、その旨を朝幕に報告した。翌十九日、慶勝は経幹を引見して長州藩征討令に対する請書の提出・山口新城の破却・五卿の引渡の三箇条を申し渡し、三家老の首級を返還した。

経幹は二十一日に岩国に戻り、この間の経緯を書簡に認め敬親に報告した。二十五日、敬親は蟄居して藩内に恭順の意を布達し、十二月五日には毛利隠岐を総督府に派遣し、藩主父子の謝罪書および総督の沙汰に対する請書を提出した。経幹の周旋が功を奏し、藩政府は従幕・恭順派によって牛耳られ、藩主父子は恭順の姿勢を示したため、解兵のために残る最大の懸案は五卿動座となった。

ところで、奇兵隊を始めとする諸隊は、従幕・恭順派に牛耳られた藩政府に対抗するため、また、薩摩藩に対する敵愾心もあいまって、五卿の福岡動座を拒絶する姿勢を示した。

その打開を図り、当面の五卿動座およびその後の薩長融和の実現を期し、福岡藩士月形洗蔵・早川勇がその中心となって周旋を開始した。月形は諸隊が薩摩藩を疑うのであれば、吉井友実が人質になることも辞さないと公言していることを聞き及び、一層奮励して抗幕・武備派を代表する高杉晋作を説得したところ、福岡藩の周旋を承諾した。

よって西郷は、吉井・税所篤を伴って十二月十一日夜に下関に渡海し、翌十二日に月形・早川も加わって、諸隊幹部赤禰武人（あかねたけと）・中岡慎太郎・中村円太、五卿従士水野丹後、対馬藩士多田荘蔵、久留米藩士真木弦らと会談し、西郷が解兵後の五卿動座を了解したため、諸隊との合意が成立した。諸隊が五卿の動座を認めたのは、従幕・恭順派政府との衝突が回避できない状況となり、五卿の警護に人員を割くことが厳しくなったこと、また、五卿動座の実行前でも、同意すれば解兵が実現することを西郷が保障したため、戦力を藩内抗争に集中できることによった。しかも、諸隊の首領である赤禰が下関で西郷と会談した事実は、薩摩藩が諸隊に理解を示したことにもなり、抗幕・武備派には大きな後ろ盾ができたとの認識を与えたであろう。

五卿動座の見通しが立ったため（翌元治二年一月十四日に渡海）、西郷は官軍撤兵の機が熟したと判断し、十二月十六日、税所・喜多岡勇平らを伴い下関を出発して総督府に向かい、その途上、二十日に岩国で吉川経幹に謁見した。西郷は薩摩・福岡両藩は長州藩のために、これまでも猛烈に尽力しているが、今後の長州藩処分について寛大の沙汰が出るように、両藩は力の及ぶ限り周旋することを藩論として決定したと宣言し、薩摩藩を代表して口上を述べている。この口上について、長州藩側の記録にないことから、西郷が実際に経幹に語っているかどうかは留保が必要である。しかし、薩摩藩が用意していたことは間違いなく、その内容は薩摩藩・久光の意向を反映したものであり、藩是と言える重要なものであるため、その内容を詳しく見ていきたい。

西郷の口上

禁門の変で長州藩主は朝敵の汚名を蒙り、京都・大坂・江戸などの藩邸をことごとく没収され、しかも幕府は長州征伐を諸大名に命じた。経幹も様々心痛であるため、芸州・福岡・鳥取・岡山等の諸藩に依頼していることと推察する。及ばずながら、何としても寛典処分に向けた周旋することを藩主も同意であるため、使者として西郷を派遣したと、周旋に至った理由を述べる。そして、西郷は具体的な口上を以下の通り開陳した。

昨年（文久三年）、下関で薩摩藩の貿易船が長州藩の砲撃で沈められ、その際に藩内ではこのまま捨て置くことができないと沸騰したが、長州藩が薩摩藩を恨んでの事ではないとして不問に付している。八月十八日政変の時は堺町御門を警衛し、会津藩と長州藩が論争をしている時に居合わせた程度で、禁門の変では会津藩を助けることが目的であり、長州藩を決して朝敵と考えていない。薩摩藩へは怨みがないことは了解しているが、思いがけず長州藩兵が乱入したため、少々の戦闘は止むを得なかったものとして、その責任を会津藩に帰している。

薩摩藩には、長州藩に怨みはあっても恩など全くなく、何か周旋してくれるとは思いも寄らず、疑念も晴れないことであろうが、これは私怨というもので、軽き私怨によって重要な大事を失ってはいけないと、薩摩藩への嫌疑を解消することを勧請する。そして、実に恐れ多いことであるが、勅命に背いたり、内乱になって神国に生を受けた庶民に塗炭の苦しみをもたらすことは、甚だ嘆かわしい限りである。しかし、例え薩摩藩一国だけが勅命に反することになっても、長州藩のために戦闘も辞さないとの決意を示した。

また、今の幕府の唐突で手荒いやり方は言語に絶えず、第一には朝廷を蔑にし、ますます貿易に専心している。しかも、いったんは参勤交代を免除し、御台所の国許居住を認めておきながら、以前の通りに人質として差出を沙汰しており、今さらそのようなことが可能とは思えない。芸州・岡山藩などの西国の諸大名を連合させ、今後は何事も申し合わせの上、万事取り図るつもりである。この上は早速、諸藩に参上して連合の取り決めを行うので、何とぞ長州藩主にも連合に加盟して欲しいと期待を表明する。これは、本口上で最も重要な部分であり、参勤交代の復活などの幕府の政事を指弾して西国諸藩連合を提唱し、長州藩をその主要メンバーとして依頼している。

最後に、これでも疑念が晴れなければ、藩吏の中から誰であっても鹿児島まで同道し、かつ、現在は長州藩士が諸国を移動することは不自由であるため、これからは薩摩藩士と名乗って通行することを可能としたいと提言した。また、京都・大坂・江戸等の留守居役に、薩摩藩士と同様な扱いをするように認めた書簡を持参することが可能であり、何とぞ何とぞ疑念を晴らして欲しいとまで切言した。

それにしても、度を越した厚遇を示唆しており、薩摩藩の長州藩に対する思い入れは尋常なレベルではない。先の高崎五六の周旋内容に加え、幕府を具体的な政事内容で痛烈に非難し、西国諸藩による連合構想をぶち上げて、その中核に薩長両藩を位置づけており、この段階からの薩長連携に向けた薩摩藩の強い秋波がうかがえよう。

さて、この間の総督府の施策については、十二月十一日、慶勝名代の家老石河光晃は長州藩鎮静の状況を巡検することを命じられ、参政千賀与八郎・幕府目付戸川忠愛らを従え、十五日に山口に至り、山口城の破壊の状況を検分し、二十日には萩に到着した。翌二十一日に萩城内を巡検し、藩主毛利敬親・広封父子の謹慎の情態を視察、同夜に広封が石河の客館において陳謝した。二十二日、石河は家老宍戸備前らを召喚し、藩内の鎮撫および五卿の九州動座に尽力することを命じ、帰路に岩国で経幹と面会して二十七日に広島に戻って状況を復命した。

しかし、十二月十五日に勃発した高杉晋作の功山寺挙兵は、既に大きな勢力となっていた。十九日には敬親から、諸隊の武力鎮圧の方針が総督府に対して表明されており、経幹からも二十二日には鎮撫のため武力に訴えることへの許可が懇請されていた。藩内は大きな混乱を呈していたが、慶勝は石河からの報告を以て条件が整ったとして、二十七日に出征の諸藩に撤兵を命じた。

ところで、慶勝が解兵を決断した背景として、実際には西郷の勧説によるところが大きかった。西郷は高杉挙兵による混乱はあるものの、五卿移転も同意が得られており、岩国との強固なパイプの維持を前提に、速やかに解兵の策を総督府へ説き込む含みで、十二月二十二日に広島に到着した。二十七日、西郷は現状を望外に心配する慶勝に意見を尋ねられ、従幕・恭順派政府が諸隊追討を決めた以上、総督府として如何ともし難いとして、長州藩内のこの程度の混乱は度外視すべきであるとの見解を示した。

その上で、今後の方針としては、石河ら巡検使の帰着を待ち、異常なく恭順の姿勢が示されていたとの復命があった場合、速に諸藩に解兵を命じる他に策はなく、これは従軍諸藩が解兵は近いことを期待しているからである。この上むなしく滞陣を続ければ、諸藩の中から、あるいは幕命を待たないで兵を引揚げるものも出ないとは言い難く、万が一そのようなことになれば、総督府の威厳を損なうことは甚大である。五卿の扱いは九州諸藩に命じており、征討とは直接関係ないと諸藩は認識しているため、解兵以前に動座が叶わずとも決して不都合ではないと切言した。慶勝は石河らの報告もあいまって、西郷の建言を受け入れて解兵を宣言しており、西郷の尽力なくして事態の進展はあり得なかった。

薩摩藩への警戒

一方で、薩摩藩に対する抜き差しならぬ不審・警戒感が幕府および諸藩に沸き起こっていた。小倉には副総督の越前藩主松平茂昭が滞陣していたが、肥後藩と共に厳罰論を主張し続けており、慶勝の方針決定の裏に薩摩藩の動向を見据えていた。ほぼ同時期（十二月十四日）に、肥後藩在京重臣は薩摩藩の周旋には深謀遠慮がうかがわれ、長州藩とは仇敵同士であったが今では恩を売る手段である。併せて、主として会津・桑名両藩を排除する姦計の風聞もあり、中でも高崎五六などはその巨魁であると密かに聞き及んでいるとして、在府重臣に薩摩藩を警戒するように伝えている。

また、薩摩藩に対する幕府側の嫌疑として、慶喜は肥後藩主弟の長岡良之助に対して「総督の英気至て薄く、芋（薩摩藩）に酔ひ候は酒よりも甚敷との説、芋之銘は大島（西郷）とか申由」（『改訂肥後藩国事史料』五）と、慶勝が西郷の言いなりになっている状況を揶揄している。また、会津藩在京藩士は国許に対し、近頃の薩摩藩の底意には不審な点があり、理由もなく寛大な処置を企図して激徒の人望を得ようとしていると猜疑心を吐露する。そして、薩摩藩はもとより油断はできないが、大島（西郷）吉之助と申す者は長州征伐に出張して、様々周旋しており、既に総督（慶勝）においてももっぱら西郷の説を信用されているとのことであると申し伝え、薩摩藩・西郷の周旋振りへの警戒心を露わにした。

長州征伐撤兵後となるが、松平容保も京都守護職を辞職して国許に帰ることを主張する家臣に対し、自分が在京しているからこそ薩長両藩などが好き勝手にできず、引き上げた場合、どのような事変が生じるかわからないと切言した。慶応期のような現実的な連携は意識されていないものの、薩摩藩が長州藩と共に薩長と括られて警戒されていることは看過できない。征討を受けた長州藩同様に、薩摩藩が幕府勢力から危険視され始めていることがうかがえる。

第三章　中央政局の動向と薩長融合運動の開始

第一節　将軍の進発と薩長両藩の状況

慶応元年（一八六五）五月十六日、征夷大将軍徳川家茂は長州藩征討のため、陸路江戸城を進発した。そもそも、第一次長州征伐が薩摩藩・西郷隆盛の主導によって、一戦もせずに、なし崩し的に解兵に持ち込まれたことに対し、幕府は大いに不満を持っていた。そこで、藩主毛利敬親・広封父子および五卿を江戸に召還し、処分を下すことを画策したが、朝廷の反発を招いてその構想は頓挫していた。この現状を打破するためには、将軍の進発しか選択肢が残されていなかった。

家茂は閏五月二十二日に入京・参内し、進発の事由を「毛利大膳儀、昨年尾張前大納言迄悔悟伏罪之趣申出候処、其後激徒再発ニ及ヒ、加之私ニ家来外国へ相渡大砲小銃等之兵器多分ニ取調、其上密商等如何之所業確証モ有之候ニ付、進発仕候事」（『孝明天皇紀』五）と言上した。「激徒再発」は高杉晋作の功山寺挙兵に始まる内訌戦を、後半の部分は大村益次郎による上海での武器購入等の嫌疑を指している。

この言上に対し、朝廷から家茂に大坂城に留まり、一会桑勢力と協力の上、国家太平の策を至急実行すること、具体的には、長州藩処分を諸侯の衆議に諮って言上せよとの勅語が伝えられた。こうして、家茂の滞坂は大義名分を持ち、江戸・京都に分断されていた幕府機構は、畿内政権とも言える政治体制を採るに至った。家茂は二十五日には大坂城に入り、それ以降、幕兵に対し練武に励むことを命じ、大坂玉造講武所において鎗・劔・砲術等を調練させ、家茂自らが幕兵や諸藩兵の閲兵をしばしば行うなど、士気の維持に努めた。

しかし、家茂の大坂入城から三週間ほど、幕閣は大坂に一堂に会しながらも、協議らしい協議は行わず、全く長州征伐に対する方針を示さなかった。幕府はこの間、日数をただ無為に重ねており、駐屯兵は無聊に窮し、しかも猛暑のため病死するものが続出する忌々しき事態に陥っていた。これは、そもそも長州藩処分について、意見の調整などする必要を感じておらず、将軍進発の報に接した長州藩はその威光に屈して、直ぐに服罪の使者を派遣するものと目論んでいたからに他ならない。進発はしたものの、当初から武力発動に消極的であったことは否めず、幕府権威のさらなる失墜を招く結果となった。

幕府と距離を置き富国強兵へ

将軍がいよいよ進発するとの一報が鹿児島にもたらされると、薩摩藩においても対応を検討することになった。当時の薩摩藩の方針は、長州征伐後の幕府の矛先が薩摩藩に向かうことへの警戒心から、島津久光は藩地に割拠して、貿易の振興や軍事改革・武備充実による富国強兵を目指し始めており、幕府から距離を置いて将来の戦闘に備えるという抗幕志向を明確にしていた。そして、中央政局からも一線を画するため、小松帯刀・西郷隆盛・大久保利通を全員、藩地に呼び戻す方針にあった。

薩摩藩の進発に対する反応であるが、大久保は堀次郎宛書簡（五月十二日）の中で、幕府は大層奮発して長州再征とのことだが、これは格別に面白い芝居になりそうで楽しみであると幕府の方針を揶揄し、割拠方針の徹底を訴えた。また、西郷は小松に対し、家茂の進発が天下動乱を招き、将軍の没落につながると指摘し、大坂城での滞在は一年が限度であろうとの見通しを示し、今回の進発は抗幕体制構築にプラスになるとの意向を述べた。

久光は大久保を上京させ、とりあえず、情勢探索と長州再征の阻止に向けた周旋をさせることにした。大久保は五月二十一日に鹿児島を出発、閏五月十日には入京し、近衛忠房（十一日）・正親町三条実愛（十二・十八日）に対して、長州藩処分は将軍が在京の上、衆議に諮って決定し、征討は軽々に踏み切るべきではないことを勅書で命じることを懇請した。なお、朝彦親王には十五・十八日に謁見しているが、あいさつ程度に止まり、関白二条斉敬からは都合が良い時に知らせるとの伝言があったものの、その後は音沙汰がなく、あえて大久保からは謁見の督促はせずに傍観する有様であった。

大久保は小松に対し、このような中央政局について、朝廷は一会桑勢力によって取り込まれており、それに対抗しうる卓越した人材に乏しく、相変わらずの因循に流れている状況を悲観する。そして、このような状況であるため、長州征伐の綸旨の要求さえ幕府が申し出なければ、到底無理をして周旋などできないとし、仮に奔走してとしても、無用であるのみならず、薩摩藩にとってはかえって害となるとの判断を伝える。

そして、正親町三条実愛・近衛忠房だけには十分に薩摩藩の方針を伝えるが、その他には一切口出しをしないとの方針を示し、当面の周旋中止を宣言した。一会桑勢力と二条関白・朝彦親王が強固に結びついた中央政局において、薩摩藩にはなす術がない状況にあることを小松に申し送った。このような中央政局の形勢もあいまって、薩摩藩の方針は藩地への割拠体制の構築へと一層加速し、藩政・軍事・経済と多岐にわたる慶応改革が推し進められることになった。

高杉の決起

一方、長州藩においては、第一次長州征伐の解兵がまだ完了していない元治元年（一八六四）十二月十五日、高杉晋作による功山寺挙兵に端を発した抗幕・武備派と従幕・恭順派（いわゆる正義党と俗論党）の武力衝突が勃発した。高杉らに率いられた諸隊の撰鋒隊に対する軍事的勝利により、抗幕・武備派が主導権を握り、従幕・恭順派による藩政府は瓦解した。元治二年（一八六五、慶応元年に四月七日改元）三月二十三日に至り、藩主毛利敬親は世子広封および三支藩主（長府藩主毛利元周・徳山藩主毛利元蕃（もとみつ）・清末藩主毛利元純）に対して、藩是七箇条を示した。その中で、幕府への信義は変わらないものの、武備恭順への姿勢の転換を明らかにし、軍制を始めとする富国強兵に向けた藩政改革の意思を表明した。

画期となったのは、四月二十六日、桂小五郎（後に木戸貫治・準一郎・孝允、以降は木戸孝允で統一）が但馬の潜居先から下関に帰着、五月十三日に山口に到り、翌十四日には藩主敬親に謁見し、挙国一致で武備恭順に努めるべきであるとの政策を建言した。二十七日、木戸は政事堂用掛・国政方用談役心得に任命され、これを契機に山田宇右衛門・木戸・高杉・広沢真臣（さねおみ）・前原一誠・井上馨・大村益次郎を中心とする抗幕・武備派政権が名実共に誕生した。木戸は当面の三大政策として、外は薩摩藩、内は岩国と融和し、兵制を洋式に改めることと定め、手始めとして大村に兵制改革を推進させると共に、岩国・吉川経幹との融和を図った。

当時、経幹は第一次長州征伐において、官軍との交渉役を担ったため、諸隊からは敵視されていた。経幹は引き続き、幕府に迎合して長州藩の寛典処分を目指したため、宗藩から嫌疑をかけられ、岩国から出られない状態が続いていた。この状況を打開するため、五月十六日、木戸は非公式に伊藤博文を岩国に派遣し、要人に対して経幹が山口に赴くことを勧説させ、また、藩政府に直目付竹中織部の派遣を要請し実現させた。十八日、竹中は経幹に謁見し、宗藩と不和であるとの風評があるため、それを否定する通知を隣藩にすることを議した。

さらに同日、経幹の山口行き猶予を伝えるため、山口に派遣されていた岩国家老・吉川勇記、用人香川源左衛門らが木戸と会見した。木戸は幕府が長州再征を布告し、今や長州藩は存亡の危機に瀕しており、経幹が速やかに山口を訪れ、宗藩・支藩が一和であることを示すべきである。これは藩主父子および要路の総意であり、このことを至急帰国して経幹に伝え、山口来訪の実現に向けて周旋すべきことを説いたため、吉川らは同意するに至り、二十日に経幹にその旨復命した。ここに至り、遂に経幹も山口行きを決心し、閏五月六日に山口に至った。

藩主敬親より、経幹および三支藩主は幕府の長州再征に対する方策および藩政・軍制の改革に対する意見を求められ、議論を重ねたが容易に結論を得なかった。二十日に至り、切羽詰まった藩主父子は経幹・三支藩主との再会談に臨み、敬親は長州再征が差し迫っており、もし藩内へ討ち入ってきた場合は死を決し防戦するつもりであるとして、経幹以下に意見を求めた。

元蕃が口火を切り、いったん引き下がった上で、十分に話し合ってから言上すると発言したところ、経幹は話し合う間でもなく、もし訳もなく乱入してきた場合、我々一同は死を決し防戦することはもちろんであり、格別の異論はないと主張し、敬親の意向に全面的な支持を表明した。そのため、三支藩主ももっともであると同意したため、ここに支藩も含めた長州藩の藩是は抗幕・武備に決した。さらに、藩論統一を期として閏五月二十八日、従幕・恭順派の首領椋梨籐太を斬首するなど、撰鋒隊関係者を処罰した。

こうして長州藩の宗藩・支藩は、藩主父子の復権を朝廷に働きかけながら、一藩割拠して直前に迫った幕府軍との戦闘に一丸となって備えるという方針に収斂することに成功した。その実現ために、西国雄藩の理解を得て、公論による征討中止を働きかけて時間を稼ぐこと、また最有力藩の薩摩藩に接近し、最も重要である武備充実への援助を受けることが当面の課題となった。この方向性が、薩長融和を促進する大きな原動力の一つとなった。

第二節　岩国領・宗藩の薩長融和に向けた動向

元治元年（一八六四）以降の薩長融和に向けた動向は、福岡藩士喜多岡勇平・月形洗蔵・早川勇・筑紫衛および久留米藩士淵上郁太郎らによる岩国領や長州藩諸隊幹部（高杉晋作・赤禰武人）への働きかけを中心とした。また、十二月七日には筑紫・淵上は萩に赴き、天樹院において毛利敬親に謁見し、薩摩藩のみが朝敵となった長州藩のために尽力していると力説し、薩長融和を提言して薩摩・福岡両藩の長州藩の寛典処分に向けた周旋の状況を説明するなど、その矛先は長州藩主にまで及んだ。

一方で、薩摩藩は第一次長州征伐の段階から薩長融和の可能性を模索し始め、その仲介役として岩国領主吉川経幹に依存した。第一次長州征伐では西郷隆盛が早期解兵に尽力しており、また、禁門の変での捕虜を同行して釈放を実現していた。加えて、小松帯刀は経幹に書簡（十一月二十六日）を発し、薩摩藩が朝幕に対して長州藩の寛典処分を求めることについては、皇国全体のために十分に尽力するつもりであり、これは在京藩士の方針ではなく、藩論であると伝えている。

第一次長州征伐後においても、その方向性は変わらず、また一方で、岩国側も宗藩の寛典処分に向けた尽力を薩摩藩に頼ることになる。十二月二十七日に解兵令が出されたが、経幹は早くも翌二十八日、家老吉川釆女・御用人境与一郎に対して、薩摩藩のこれまでの周旋に対する礼を述べ、寛大な処置が下されるよう、一層の周旋を依頼するために上坂することを命じた。両名は大坂の薩摩藩邸にかくまわれ、京都より下坂した高崎五六に委細を開陳したところ、非常に好意的な対応を受け、高崎は在京の小松に申し入れると述べて京都に戻った。

元治二年一月十八日、高崎は境に書簡を発し、小松はすべてもっともなことと岩国の意向を了承しており、高崎が大坂で話した通り、藩を挙げて周旋することを宣言した。一方で、総督の尾張慶勝も付家老成瀬正肥もいまだに上洛がなく、どちらかが上洛次第、岩国の意向を申し込み、総督府と朝廷の意向を確認した上で下坂することを伝えた。二十二日に至り、小松は下坂して両名と面談に及び、力の及ぶ限り周旋する意向を申し述べた。さらに、長州藩処分も寛大の沙汰でなければ、皇国のためにならないとの藩論に一定し、慶勝も上京したので、それを朝幕に上申したところ、朝議はその通り決議したと報じて、勅諚(一月十八日)の写しを与えた。

慶勝の上坂は一月十七日、入京は二十四日であるため、解兵時に寛典処分を幕府に求めていた総督府の意向を、薩摩藩の在京要路は上坂前に確認した上で、朝廷工作を実行していたことがうかがえる。その勅諚は岩国側が求めた寛典内容には及ばず、将軍の上坂命令であったが、その前提として、諸藩会議が想定されていた。その会議で寛典処分が議せられることが期待できるため、岩国の両名は当面の目的を果たしたと判断し、帰藩の途についた。

禁門の変後、長州藩は抗幕・武備派と従幕・恭順派が内訌を繰り広げ、一端は従幕・恭順派が主導権を握った。しかし、諸隊の反乱による抗幕・武備派への藩政府組織の転換は、岩国にとってこれまでの寛典処分に向けた周旋が水泡に帰し、かつ薩摩・岩国ルートによる薩長融和政策も頓挫を余儀なくされ兼ねない事態であった。こうした事態の急変を受け、経幹は諸隊暴動の顚末を薩摩藩に知らせると共に、寛典処分が出るように一層の周旋を依頼するための使者として、用人横道八郎次・密用掛森脇一郎右衛門を大坂薩摩藩邸に派遣した。三月五日、両名は高崎五六に面談し、諸隊暴動の顚末を報告し、早期に寛典処分が出ない場合、なかなか諸隊の鎮定はできず、厚かましい嘆願としながらも、薩摩藩のさらなる周旋を強く依頼した。

これに対し、高崎は長州藩主父子の江戸送還という暴令に対して、総督府および薩摩藩の断固たる反対と撤回に向けた周旋状況を開陳し、藩士吉田清右衛門（二月二十三日京都発、三月二日岩国着）を派遣して、この間の事情を説明すると回答した。また、高崎はこのところ薩摩藩に嫌疑がかかっており、長州藩の寛典処分に向けた周旋への尽力が尋常でないと噂されている。そして、いよいよ幕府へ反逆を企てていることが顕然としたなどと言われているが、一向に構わないと意に介していない素振りを示した。とは言え、この間の薩摩藩の動向が幕府側から訝（いぶか）しがられ、注視されている様子がうかがえる。

吉田は三月二日に岩国に到着し、早速同日夜には経幹と対面し、藩主父子の江戸送還の幕令は暴令であり、実行は不可能とする小松の書状（二月二十一日付）を奉呈し、この間の経緯を詳細に語った。四月十二日、経幹は吉田の情報提供に対する小松への礼状を持たせて用人大草終吉を出発させ、宗藩の形勢が近頃一変してしまい、さらに処分の内容次第では再び沸騰しないとも限らない旨、内々申入れることにした。

たまたま伏見にいた高崎五六が大草に応対し、諸隊を始め長州藩全体が最も忌避する領地削減については、幕府の処分がどうなるか分からないが、恐らく削土にはならず、例え幕府がそれを志向しても、今の幕府の権威では実行することはできないとの見通しを述べる。そして、岩国が宗藩と離間することを懸念し、当面は謹慎の体であることを懇請し、その前提で薩摩藩の寛典処分に向けた精一杯の尽力を約束した。加えて、一ヶ月ほども経てば形勢も変わるとして、再度の岩国要路の上京と継続した連携を求めた。

その後、薩摩・岩国間での交渉はしばらくなかったが、五月十六日、経幹は大草と側役戸津第四郎を大坂薩摩藩邸に派遣し、事情を探索させた。二十六日に藩邸で吉井友実が大草と面談し、将軍が上坂した時の策略として、藩主父子ないし経幹が召還されるだろうが、恐らく経幹が先であり、召還後の詰問次第によっては長州再征または父子召還となろうとの見通しを示した。そして、その時の薩摩藩の対応として、藩を挙げての岩国の意向に沿った周旋活動を約束した。大草は、岩国は宗藩より嫌疑を受け易いため、経幹のみに上坂召命が出されず、三支藩主にも同様に召命があるよう、幕府に周旋して欲しいと嘆願した。なお、薩摩・岩国間での次回交渉は御用人境与一郎から小松帯刀、西郷隆盛らに対する状況探索のための大坂藩邸への潜入打診（十一月十日）であり、代表して西郷から受け入れを受諾する回答をしている。また、突然の来訪すら歓迎する旨を伝えており、薩摩・岩国間に友好関係は継続していた。

中岡による薩長融和

こうした薩摩藩の薩長融和に向けた動向は、福岡藩士を中心とした薩長融和運動に弾みを付けた。この周旋運動の輪に五卿従者である中岡慎太郎が加わり、岩国・吉川経幹の周旋に並行して、宗藩である長州藩を巻き込み、一層の進展を見せることになる。中岡は薩摩藩・西郷の真意を測るため、元治元年十二月四日に早川勇の従者に身をやつし渡海し、小倉において西郷と面談した。中岡はこの会談で、西郷が薩長融和に前向きであることを確信し、以後、西郷と行動を共にしていた吉井友実や、中岡同様に五卿従者であった土方久元などとも協力し、積極的に周旋することになる。

元治二年二月十三日、吉井は薩摩藩士に扮した中岡・土方を伴って上京した。これは五卿のリーダーである三条実美の意向であり、中岡らに中央政局の政情を探索させ、特に薩摩藩の藩論を確認し薩長融合に向けた端緒を開かせたいとの内意に、吉井が賛同したことによる。中岡は二十三日の退京までの十日間に小松一回、大久保二回、伊地知正治二回、吉井七回など、薩摩藩士と会談を重ね、京都留守居役の内田政風らと共に胡蝶丸に乗船し、三月三日に博多で下船、そのまま太宰府に向かい五卿に謁見して京都情勢を伝えている。

中岡はその後も内田や黒田清綱といった薩摩藩士や、福岡藩士筑紫衛・対馬藩士多田荘蔵らとの接触を繰り返したが、二十八日には五卿の使者として長州・長府両藩に向かった。四月六日、中岡は世子広封に謁見し、この間の五卿の動静を詳しく述べ、前年までの長州藩内での厚遇を謝すると同時に、その後の長州藩の動向を尋ねた。

そして、最大の要件であった薩長融和について、中岡は広封に強く勧めたと考える。いくら三条実美からの使者とは言え、世子自らが一介の浪人に対面を許す破格の厚遇を示したのは、中岡が薩長の連携に関わる使者であったためであろう。なお、中岡は長州藩滞在の間、山県有朋・広沢真臣・大村益次郎・井上馨・伊藤博文と会見しており、長州藩要路とのパイプの強さを確認できる。

この三条からの申し出に対し、五月七日に返礼の使者に指名された楫取素彦（小田村素太郎）は意見書を藩政府に提出し、長州藩の方針をどう伝えるべきか、自論を次のように述べた。三条は九州渡海後、手厚い庇護を受けた薩摩藩に信頼を寄せているが、これは心変わりをして、盲目的にそうしているとは思われない。薩摩藩の国論が朝廷のために尽力しようとしているのか、あるいは一時の権謀によって、人心を服従させようとしているのか、直接三条に確認するのが得策である。そして、三条から薩摩藩の変化は間違いないとの言質を得た場合、長州藩においても宿怨は忘れて、薩摩藩は島津斉彬の遺志を継ぐものと心得ることを強く求めた。

続けて、三条と今後も志を一つにすべきであり、薩長連携もその延長線上に考えるべきで、三条より藩主父子に対して、薩摩藩への態度を改め融和することを勧告してもうと共に、薩摩藩には朝廷のためにより一層尽力するよう、督責してもらうことを提案する。あくまでも、三条を媒介としながらも、楫取は薩長融和の可能性を模索することを藩政府に提言した。後述する木戸孝允の同意見と共に、岩国・吉川経幹に頼らない宗藩としての独自の薩長融和論の最初として、極めて重要な発言である。

一方で楫取は、薩長連携は長州藩存亡に関わるとして、深慮遠謀してあたることを求めた。さらに、藩内が混乱している現状での薩長融和への周旋などは、大きな反発も予想されるため、藩要路のみの内密とすべきことを付言している。この段階では、薩長融和に拒絶反応を示す藩内反対派に、配慮せざるを得ない状況がうかがえる。

ところで、中岡・楫取ラインとは別に、中岡・木戸ラインが並行して存在した。四月二十七日、中岡は中央政局の探索のため、太宰府を出発、二十九日には下関に立寄り、大村・伊藤に面会、翌日には二十六日に帰藩したばかりの木戸と対面を果たした。木戸は薩摩藩が藩論を一変したとの風説を聞き及んでいたものの、とても信じられない強い不信感を抱いたまま、期せずして中岡と面会したため、五卿の近況を尋ねると共に、薩摩藩の変化に対する風説の実否も確認した。それに対し、中岡から薩摩藩はこれまでとは相違し、朝廷のため尽力しているとの回答を得たため、木戸は三条に薩摩藩の動向を問うための密書を認め、土佐藩浪士で遊撃隊軍官の後藤新蔵に太宰府まで持参させた。

その中で、木戸は薩摩藩がこれまでと違って、偽り欺くことをせずに、誠意を以て朝廷のために尽力するのであれば、我が国にとって大幸であることは言うまでもない。しかし、いまだにその実効が顕れておらず、孝明天皇が薩摩藩の動向をどう捉えているのかと訝しんだ。そして、藩主父子は五卿と今後も行動を共にする決意をしており、そこで気になる薩摩藩の動静について、三条に見解を密に伺うことにしたと述べる。

木戸は続けて、薩長間の離反も薩摩藩と会津藩が共謀した八月十八日政変以来であるとしながらも、薩摩藩も真に朝廷のために尽力するのであれば、将軍家茂の上洛に合わせて、薩摩藩が朝廷権威の回復のために尽力すべきであると訴える。また、孝明天皇も薩摩藩の深意を見極めて信頼されるのであれば、藩主父子も日本のために薩摩藩への私怨を捨てて、朝廷のために尽力する旨を伝えた。

最後に、薩摩藩とは志が同じであっても、この間の事情もあるので、薩摩藩の方針が本当に変わったのか否かを藩主父子始め国中が気にかけており、その動向を問うべく密書を認めたと結んでいる。木戸の意見書で重要なのは、慶応元年五月段階で、薩摩藩への敵愾心は到底払拭できないとしながらも、その動向次第では私怨を捨てて、協働して幕府にあたる用意があることを示唆していることである。楫取同様、岩国領・吉川経幹以外の宗藩要路の薩長融和に向けた意向をここでも確認でき、しかも実力者である木戸の意見であることを重視したい。

これに対し、三条は薩摩藩の情勢に変化が見られると断言し、長州藩も過去の経緯に捉われず、薩長の融和を図ることを強く求めた。また、使者となった後藤も同様な内容を主張したため、木戸を始め薩摩藩の変化に安堵する者が多数いたが、一方で相変わらず薩摩藩への不信感を露わにする者も少なくなかった。木戸は薩長融和に傾斜していたものの、藩内の反対勢力をどのように説得するのか、大きな課題を突き付けられた。なお、木戸にここまでの薩摩藩への歩み寄りをもたらした中岡の尽力も軽視できない。その説得に応じて、木戸は薩長融和に踏み出したのであり、長州藩としての第一歩は間違いなく中岡の功績であった。

中岡・楫取ラインと中岡・木戸ラインは、当初違ったものとして存在した。楫取は五月七日に太宰府行きを命じられていたが、実際の出発は十四日であった。この間、前述した意見書を基に、藩政府では議論があったと考えられるが、木戸の来関の情報は遅くとも五月四日には藩政府に達しており、木戸の山口への到着を待って方針を決定することにしたのだろう。そして、木戸が十三日に山口に現れ、そこで二つのラインが結合し、薩長融和に向けて舵を切ることが藩レベルで確認された。よって、楫取は翌十四日に太宰府に向けて出発することが叶った。これ以降も木戸と楫取は密に連携し、薩長融和の実現に向けて尽力することになる。

第四章　坂本龍馬の登場と薩長融和の促進

第一節　龍馬の周旋開始と木戸との会談

慶応改革を推進する薩摩藩にとって、差し迫った重要な喫緊の課題は海軍の再建であった。文久三年（一八六三）七月の薩英戦争によって、天佑丸・白鳳丸・青鷹丸を失い、海軍は全滅していた。また、十二月二十四日、幕府から借用した蒸気船が兵庫から長崎に向かう途中、豊前田ノ浦から長州藩によって砲撃され、大きな犠牲が生じた。砲弾自体は命中しなかったものの、逃走時に火災を起こし、六十八人の乗組員中二十八名が溺死した。この中には、有能な士官・機関員・ボイラー員が多数含まれており、薩摩藩の海軍力はこの時点で壊滅的なダメージを受けていた。

その後、元治元年(一八六四)一月から安行丸(前年九月に購入)の運行を開始し、同年中に平運丸・胡蝶丸・翔鳳丸・乾行丸・豊瑞丸を長崎で購入した。また、五月九日には蒸気船運用術教授として中浜万次郎の招請を幕府に嘆願して了解を得ており、軍艦奉行勝海舟の建言によって、幕府が神戸に設置した海軍士官養成機関である神戸海軍操練所に、伊東祐亨を始め数名を派遣した。しかし、軍艦は手に入れることが叶ったものの、乗組員の不足解消にはほど遠い状態が続いており、ここで白羽の矢が立ったのが勝海舟の門下生、土佐藩脱藩浪士グループであった。

小松帯刀書簡(大久保利通宛、十一月二十六日)によると、神戸の勝塾に居た土佐藩脱藩浪士グループが外国船を借用して航海する計画があり、坂本龍馬という人物が江戸に下って談判したところ、上首尾にいった様子である。その船に乗り込もうとしている高松太郎などの脱藩浪士らは、国許からの帰藩命令に従い帰藩すれば殺されかねないとして、船に乗り込むまでの保護を求めてきた。これを利用し、彼らをいずれ薩摩藩の海軍に役立てようと考え、その旨、西郷隆盛などとも相談の上、大坂屋敷に潜伏させていると小松は大久保に説明した。これ以降、土佐藩脱藩浪士グループが薩摩藩によって囲い込まれたことは想像に難くない。

大坂屋敷に潜伏したメンバーは、近藤長次郎・高松太郎・菅野覚兵衛・新宮馬之助・白峯駿馬・黒木小太郎・陸奥宗光であり、その他にも幕府士官と争って出奔した幕船翔鶴丸の船舶器械取扱者・火炊水夫（機関員・ボイラー員等）らと推測される。その後、龍馬による外国船借用が不首尾となったため、元治二年（一八六五）二月一日、近藤らは安行丸で鹿児島に向かい、二月十八日に大乗院坊中威光院を居所と定めた。なお、小松と西郷が四月二十二日に退京し、胡蝶丸で二十五日に大坂を発して五月一日に鹿児島に帰藩した際、龍馬らを同行している。遅れた龍馬を含め、薩摩藩の海軍建設に向けた、具体的には士官・船員として期待されての鹿児島行であった。

このメンバーの中で、龍馬のみ別行動をとることになる。それまでの薩摩藩の長州藩へのアプローチは、支藩である岩国を通じてのものであった。一方で、高杉晋作による功山寺挙兵以後の藩内の混乱もあいまって、宗藩である長州藩本体との接点を容易に見出すことは叶わなかった。その点、龍馬は長州藩士とも交流があり、しかも、この間に行動を共にしたことから、小松・西郷が政治的周旋を龍馬に任せることが可能であると判断したものであろう。

よって、小松らは龍馬に対し、薩摩藩が抗幕体制を採るにあたって、長州藩をパートナーにする意思があることを申し含めた上で、長州藩への情勢探索に派遣したと考える。その際には、当然、島津久光の了解があったことは言うまでもなく、久光に対する報告が求められた。薩摩藩に仲間と共に庇護されている龍馬が、薩摩藩の要請を了解することは至極当然であろう。龍馬が薩長融和に尽力するのは、本人の意思の有無にかかわらず、薩摩藩の意向に沿った周旋活動に他ならない。ここに、薩摩藩士・坂本龍馬としての履歴がスタートする。

薩摩藩士・坂本龍馬

慶応元年（一八六五）五月十六日、龍馬は付添として付けられた薩摩藩士児玉直右衛門と共に鹿児島を出発し、二十三日に太宰府に至り、翌日には三条実美ら五卿に謁見した。これは、西郷らが周到に用意した筋書きであり、長州藩潜入のための手引きを期待したものであった。龍馬は五卿従者の土佐藩浪士黒岩直方に先導され、閏五月一日に下関に至った。この間の事情を五卿付であった蓑田新平・渋谷彦介書簡によって確認したい。なお、重要なものなので全文を厭わず記載する。

此内児玉直右衛門付添坂木龍馬爰許へ差入、私共江曳合之上五卿方江致拝謁、三条公より安芸守衛（黒岩）被差添、龍馬事、先達而長州江差越、同所之事実探索之廉々御方様（茂久、実際には久光）江一封を以申上賦ニ而、直右衛門儀当所江是迄滞在為致置候所、此節土方楠左衛門（久元）帰府便より別紙相達ニ付、いつれ之筋長防之情実等細々承得、私共より形行書付以御届申上心組ニ而、早速右楠左衛門江致面会旁承得候所、此度蒸気船より大山彦太郎（中岡慎太郎）御国許之様罷下、方今長州之形勢等申上賦承得候趣御座候間、疾ニ万端御聞取相成候半、右ニ付別紙坂本書面相副直右衛門差返申候間、右様御納得可被下候（『玉里』四）

これによると、児玉を差し添えて派遣された龍馬が太宰府に着いたので、渋谷らの手配で五卿への拝謁が済んだことを伝え、その後、三条の配慮による黒岩の手引きで龍馬を長州藩に潜入させた。よって、情勢探索した結果を久光に言上するために、児玉を太宰府に止まらせていた。そこに、土方が京都から太宰府に戻り、龍馬からの別紙を受け取った。また、長州藩の情勢も細々聞き及んだが、中岡が鹿児島に向かって言上に及ぶとのことなので、既に聞き及んでいると考え、龍馬書簡を児玉に持参させるのみとしたので了解して欲しいと述べている。ここで問題となるのが「御方様」の解釈であろう。一般的には西郷とされているが、薩摩藩士間の書簡を見る限り、「御方様」を藩主父子以外に使用している例を見たことがない。よって、本書では久光としている。

ところで、五月二十三日、楫取素彦（十四日山口発）および長府藩士時田少輔・熊野直助は、四月上旬に派遣された五卿使者（中岡）への返礼という各藩命によって太宰府に到り、三条らに謁見していた。そして、龍馬が五卿に謁見したまさにその当日、楫取らは龍馬と邂逅（かいこう）した。龍馬は約一年前に長崎で楫取と初対面しており、既知の関係であった。龍馬は薩摩藩が長州藩との連携を志向しており、龍馬自身は薩摩藩から派遣され、これから長州藩に向かうつもりであることを伝えたであろう。それに対し、薩摩藩との連携も辞さないとする藩要路、特に木戸孝允の意向を熟知する楫取は、木戸が既に帰藩しており、面談をしてはどうかと勧めたため、龍馬は渡りに船の体で下関に向かうことを約束したと考える。

なお、龍馬が木戸の帰藩をどの段階で確認したかについては、楫取との面談時であった。黒田清綱書簡（西郷宛、閏五月十二日）の中で、長州藩の情勢について報告されており、木戸の帰参についても言及しているが、この書簡が最も早い鹿児島への報告であった。黒田は江戸詰めを命じられ、五月二十六日に鹿児島を出発していることから、その時点では木戸帰参の情報に西郷らも接しておらず、当然、十六日に出発した龍馬は知る由もない。つまり、龍馬は木戸との面会を前提に、長州藩探索に向かったのではないことが確認できる。

木戸・龍馬会談

閏五月一日、龍馬らは渡海して下関に至り、商家奈良屋の当主である入江和作を訪ねた。入江は直ぐに時田に龍馬来訪を報じ、翌二日に時田は楫取に龍馬の下関到着を伝え、その来意は太宰府で約束した木戸との面談に違いないとし、打ち合わせ通り報知したと述べる。そして、木戸が至急下関に来て龍馬から薩摩藩の情勢を聞き出すべきであると申し送り、その周旋を求めた。さらに同日、時田は木戸に対しても龍馬らの下関到着を知らせ、旧知の龍馬と面談して、薩摩藩の事情を理解して欲しいと重ねて懇請し、楫取にも知らせてあることを付け加えた。

それに対して、木戸は翌三日に龍馬と面談するため、翌日下関に行くことを明言し、迅速な対応を見せている。木戸は龍馬来関の報知に接すると直に下関へ、さらに必要に応じて太宰府へ出張する藩命を獲得しており、これはあらかじめ、藩要路に根回ししていた結果である。なお、この対応は木戸が楫取から薩摩藩が長州藩との連携を志向しており、龍馬は長州藩の探索のために薩摩藩から派遣されたとの説明を既に受けていたことによる。

岩国・吉川経幹との融和を図り、藩論統一を目指している木戸が、その渦中の大切な時期にもかかわらず、龍馬との会見を優先したのは、非公式ながら龍馬が薩摩藩から派遣されていたからである。龍馬個人のキャラクターや、既知の関係であったという事実は、この際には関係なかった。そして、龍馬から薩摩藩の事情を十分に確認し、間違えなければ太宰府に出向いて三条に謁見し、薩長融和の仲介を依頼しようとの意向が垣間見られる。また、龍馬が三条従者の黒岩を同行していることも、木戸にとっては好都合であった。木戸はこの機会を捉え、一気に薩摩藩と提携できる可能性に賭けたと言えよう。

なお、龍馬来関の情報は藩要路等の一部しか知らされておらず、龍馬との会見は木戸しか適任者がいないという判断があった。この段階では、藩内で薩摩藩との連携を公然と口にすることははばかられており、例えば、木戸は御楯隊総督の太田市之進（御堀耕助）に対して、三条実美よりの使者が下関に来ており、会見の状況次第では太宰府に赴くと述べている。三条からの使者に、龍馬が含まれていることに言及しておらず、薩摩藩の意向を踏まえた使者の存在を秘匿している。

ところで、藩要路の一人である広沢真臣は、この間の木戸の独断専行的で行き過ぎた薩長融和路線に待ったをかけている。広沢書簡（木戸宛、五月二十八日）によると、小松・西郷が長州藩のために周旋尽力をしてくれているが、これまでは吉川経幹による内々の依頼によるものであった。今後は、毛利敬親・広封父子の内意を吉川から小松らに、改めて伝えるとともに、薩摩藩主まで毛利父子の依頼の意向を徹底できれば、小松らは藩内の反対勢力を気にせず、公然と尽力することが可能であるとの建言が直目付より出されたと述べる。

その際に、木戸も同意であるとされたが、三条への周旋依頼の件を了解しただけであり、現在、薩摩藩は様々に取沙汰をされているが、その実否が明らかでない状態で、父子から薩摩藩に改めて依頼をするのはよろしくないと、木戸の方針を非難する。そして、かえって齟齬を来して、再びどのような国害にならないとも限らず、その建言は断固として却下したと伝えている。藩内での木戸の指導力はいまだ発展途上にあり、後日盟友となる広沢との連携もしっくりいっていないことがうかがえよう。

木戸と龍馬の会見であるが、六月十八日頃、英国人が長州征伐の情報探索に長崎から軍艦で来関した際、通訳として同行した越前藩士瓜生三寅が七月以降に木戸に会い、直接聞いた話を京都で語った内容が、肥後藩の探索書に記載されている。それによると、瓜生が龍馬との対談内容を尋ねたところ、木戸は龍馬から薩摩藩が海軍を興す予定であり、自身も関わっていることを聞き、また、薩摩藩への長州藩の存念を問われたことに対し、木戸は薩長提携に前向きな姿勢を示したところ、龍馬も同意したと回答した。

また、木戸は龍馬から、「薩は総而滅幕之論と被察候」（『改訂肥後藩国事史料』六）と、薩摩藩の方針が「滅幕」（抗幕・廃幕）との印象を受けたことも重要である。この後述べる、西郷の来関情報に踊らされて、太宰府行きはなし得なかったものの、木戸の当初の目的であった龍馬との会談は、薩摩藩の抗幕姿勢を確認できたこともあいまって、成功裡に終わったと言えよう。

ところで、木戸の下関滞在は閏五月二日から二十七日の約一ヵ月に及んだ。確かに、西郷の来関を待っていたことも間違いないが、それだけが事由ではなかった。この間、下関を宗藩が長府藩から上地する計画があり、そのことが紛糾して、高杉晋作・井上馨・伊藤博文は亡命するなど、身を隠さざるを得ない事態にまで発展していた。その調停は木戸にしか適任者がおらず、高杉らの帰藩に鋭意奔走し実現に導いた。また、閏五月十日に英国特派全権公使パークスが、横浜赴任の途次に下関に寄港する事態が起こり、井上・伊藤と共に会見するなどの対応に追われていた。

二十一日に至り、中岡が来関し西郷の上方直行の報がもたらされた。そして、吉川経幹がようやく山口まで出向き、いよいよ支藩を含めた藩論を従幕・恭順から抗幕・武備に統一する好機となったため、藩政府から至急山口に戻ることが求められた。こうして木戸は下関を後にすることになったが、その後の下関での案件ついては、井上・伊藤に引き継がれることになった。

第二節　将軍進発と西郷の下関来訪問題

慶応元年五月十六日、征夷大将軍徳川家茂は長州再征のため進発した。大久保の上京前、小松・大久保・西郷が不在の京都では、将軍の進発にあたって、薩摩藩の家老島津伊勢を中心とする在京要路は大きな不安を抱いていた。岩下方平は四月三十日段階で、大久保・西郷に対して自分たちの手に負えないと、至急の上京を要請していたが、進発が開始されると待ったなしの心境に追い込まれた。よって、五月二十四日、岩下らは帰藩して小松・西郷らの上京を促すため離京した。

なお、中岡慎太郎・土方久元、福岡藩士大藤太郎、長州藩士泉源蔵らを同伴した。これは、西郷に上京の途中で下関に立ち寄り木戸と面会させ、じっくりと今後の見込みを付け、両藩が同心して協力することに大いに尽力したいと、中岡と土方が薩摩藩の在京要路に迫った結果であった。そもそも、これは中岡が四月三十日、下関で木戸と会談して薩長融和を積極的に説き、それに対して木戸の反応が必ずしも悪くなかった事実が反映したものであろう。

既に中岡は、薩長融和に向けた薩摩藩の動向を熟知しており、木戸の藩政復帰を大きな好機として捉えたことは想像に難くない。中岡らの提案に対し、島津伊勢・岩下らも賛同している。しかし、岩下の帰藩目的は、あくまでも将軍進発に対応するための小松・西郷らの上京であり、そもそも、中岡らの提案を許可できる立場になく、真摯に受け止めたとは言い難い。

この間の事情について、小松書簡（大久保宛、閏五月十五日）によると、岩下が閏五月六日に帰藩し、将軍進発は間違いないとして、小松らの内誰かの出京を促した。大久保の上

中岡慎太郎

土方久元

京と行き違いになり、岩下が帰国するには及ばなかったが、その後、岩下から久光に対して、中央政局の情勢を詳細に言上したため、さらに熟考するようにとの沙汰があった。そもそも、今回はそこまでの一大事とは言えず、大久保一人で十分であるものの、一人よりは二人の方が大きな力になると判断したため、西郷の派遣を決定した旨、大久保に申し送った。

この文面から、小松には中央政局に対する切迫した心情は全くなく、薩摩藩による積極的な周旋を行うつもりが毛頭ないことがうかがえる。また、西郷の派遣は岩下の報告を受けた久光の意向が、大きく反映された結果となっており、大久保からの藩政府への書簡による要請に応えたとされる通説は根拠がない。そもそも、この大久保書簡は管見の限り見当たらない。さらに閏五月十八日、西郷が佐賀関に到着した際、大久保から至急上京を求める書簡に接したため、馬関に立寄って木戸と会談することをキャンセルしたとする通説も疑わしい。

この間の事情をもう一度整理すると、薩長の正式な連携であれば、薩摩藩の藩論に関わる重要事象であるにもかかわらず、小松書簡では全く触れておらず不自然であり、かつ、最高意思決定者である久光は大久保以外の派遣を検討させたに止まっている。さらに、大久保の京都での周旋状況から、西郷の至急の上京が求められる情勢になく、そもそも、この西郷に送ったとされる大久保書簡も管見の限り見当たらない。

中岡からの西郷に対する木戸との会見の要請はあったものの、薩摩藩・西郷は時期尚早と捉え、その提案に同意しなかったと考える。つまり、最初から西郷は木戸と会見する意向は全くなく、予定通り京都に向かったものであろう。なお、大久保は六月末頃に京都を出発し、七月八日に帰藩した。これ以降、西郷が中央政局のかじ取りを行うことになる。

西郷すっぽかし事件はあったのか

次に、西郷の来関問題について、長州藩側からも見ておきたい。木戸の下関到着は閏五月四日の夕刻であったが、時田から土方が三日から滞在しており、上方の情勢を詳しくもたらしたと聞き及んだ。その内容は将軍の進発が決定したことにより、政局の大変動は必定であり、それを懸念した岩下らが急遽帰国して、西郷らの上京を求めるというものであった。さらに土方は、西郷は十日前後に蒸気船で来関し、木戸と面会を希望しているので、下関へ出てくるように告げて、木戸・西郷会談の実現を求めた。

木戸は実際に土方に会うまでにこうした意向を確認しており、たまたま木戸が下関に来ることを土方が知ったため、そこで木戸自身の到着を持っていることも了解した。これを踏まえ、木戸は藩要路（山田宇右衛門・兼重譲蔵・広沢真臣・前原一誠）に対し、太宰府行きをひとまず見合わせ、西郷が下関に到着したらこの間の薩摩藩の嫌疑を挙げ連ねて、厳しく責め立てたいと申し送った。木戸は薩摩藩から派遣された龍馬との会見はさて置き、土方の不確定な西郷来関の情報を、この段階では鵜呑みにしていることがうかがえる。

藩要路は木戸に対し、その申し出を了承した。その上で、いよいよ薩摩藩が信じるに足るべきと判断した場合は、内々に話し合った通り、程よく対応して欲しいと伝えた。山口出発以前に、木戸が藩要路と薩長提携について、十分に議論している様子がうかがえる。また、西郷から薩摩藩や福岡藩、さらに中央政局のその後の情勢を探索できたら、直ぐに山口の政庁まで戻ることを要請した。

木戸が時田と共に土方と面談したのは閏五月六日が最初であり、土方は木戸に、西郷が鹿児島から上京する途中で下関に立寄る手筈なので、西郷と面談に及び、これまでの経緯を超えて国家のため、薩長融和のために尽力して欲しいと申し入れた。これに対する木戸の反応は分からないが、七・八日を含め三日連続で土方と会談している事実から、大いに乗り気であったことがうかがえる。

ところで、土方は薩長和解がようやくまとまり自分の用は済んだとして、五卿への復命のためと称して、九日に下関を発っている。西郷が早晩到着する段階で、薩長融和がまとまったとするのは時期尚早であり、土方の急な出発の真意は詳らかにできないが、そもそも西郷の来関は土方の希望的観測に過ぎず、しかも、その期日を十日前後としたのは土方の推断である。連日の会談で木戸から言質を求め続けられたことによって、下関に滞在しづらくなった可能性も否定できない。

なお、閏五月五日に土方と再会した龍馬の書簡（渋谷彦助宛、閏五月五日）では、木戸の復帰による長州藩の変化を喜んでいるものの、西郷の来関については一切触れていない。龍馬も土方発言だけでは確信を持てなかった感は否めない。木戸同様、龍馬も期待していたものの、半信半疑であったと考える。さらに、前述した蓑田新平・渋谷書簡（西郷宛、閏五月十四日）においても、西郷来関は全く触れられていなかった。推測の域を出ないが、土方が渋谷らにはその件を言及していないのかも知れない。

以上から、西郷・木戸会見は中岡と土方が勇み足的に計画して進めたものであり、確かに薩摩藩は岩国・吉川経幹を通して長州藩への接近を図りつつあったものの、長州藩そのものに対しては、功山寺挙兵後の内戦に関する情報にも乏しく、とても積極的にアプローチする段階ではなかった。ましてや下関に西郷を送り込むことははばかられたであろう。

一方、長州藩・木戸は薩摩藩との連携を模索し始めていただけに、大きな期待があったことは間違いない。しかし、薩摩藩との接触が宗藩として全くないこの段階で、西郷がいきなり藩内に乗り込んでくることに対して、懐疑的であったことも想像に難くない。ましてや、その情報源が五卿の従者に過ぎない土方であり、木戸が期待をしたことは事実であるが、どの程度この情報に信を置いていたかについてはやや疑問である。

なお、西郷に梯子を外された木戸が激怒したとされるが、これは土方の明治以降の後日談でしか確認できず、これもどこまでが事実であるかは断定できない。いわゆる「西郷すっぽかし事件」は、その後の薩長融和の劇的な進展や龍馬の活躍を際立たせるため、後世に作り上げられた事象と言えるのではないか。いずれにしろ、西郷が来関しなかったことにより、一足飛びの薩長融和はなされなかったものの、その気運の醸成は進みつつあったことは事実である。

第五章　長州藩の軍需品購入と薩摩藩の協力

第一節　井上・伊藤の周旋開始と海軍局の動向

長州藩にとって、抗幕姿勢を打ち出して割拠するためには、そして将来の第二次長州征伐に備えるためにも、武器・軍艦の獲得は喫緊の最重要な課題であった。ところで、武器については、幕府は安政六年（一八五九）の開港当初より、諸藩が自由に購入することを許可していたが、文久三年（一八六三）七月以降、これを事前の届け出制にしている。また、軍艦については、文久二年七月以降、諸藩の購入を許可したが、神奈川奉行・長崎奉行・箱館奉行経由による注文とした。幕府は諸藩の武器・軍艦の購入を認めていたが、いずれも結果として幕府の了解が常に必要であった。

抗幕姿勢を強める薩摩藩や長州藩などがこれを嫌い、いわゆる密貿易によって、幕府を通さずに軍需品を買い求めることになるのは元治期（一八六四～六五）以降である。長州藩について一例を挙げれば、「山口藩廟記録」（「維新史料綱要データベース」）には、元治元年十二月十八日、「英国商船より銃器等を購入す」との記載がある。本件は幕府が摑んでいた数少ない確かな情報であり、その他にも、アメリカ商人なども長州藩との密貿易に加わっていたことが、横浜居留地では公然の秘密となっていた。

また、慶応元年（一八六五）七月二日、オランダ総領事ファン・ポルスブルックは幕府に対し、同国商会の諸藩への武器売り込みの事実を認め、薩長両藩を含むいずれの藩かは明らかでないものの、某藩からの注文のカノン砲が到着したことを報じた。そして、幕府が購入を希望すれば、手に入れられるように斡旋すると申し入れた。これに対し、幕府は謝絶し、諸藩に対する武器売り込みは条約違反であると警告している。

さらに、同月九日には、幕府は米国代理公使ポートマンに対し、上海における長州藩の蒸気船密売に関する取調書を送付し、これを本国政府に報告して、その船を購入した米国商人およびその関係者を処罰することを要求した。その船とは、下関事件で撃沈された壬(じん)

戊丸（じゅつまる）のことで、長州藩はそれを引き揚げ、慶応元年二月に博習堂兼赤間関応接掛の大村益次郎を上海に派遣し、壬戌丸の売却とその利益による銃器購入を命じた。この件は、幕府が第二次長州征伐に踏み切る理由に挙げているもので、極めて重要である。

このように、幕府は通商条約の締結国に対して、条約の順守、つまり、幕府を経由しない諸藩との直接取引の厳禁を求めている。常に外国から、通商条約の不履行を責められていた幕府であったが、この時ばかりは立場が逆転し、しかも強硬であった。こうした状況下で、朝敵である長州藩が武器・軍艦を獲得することは、著しく困難な状況であった。なお、この時期に長州藩の武器購入の先頭に立っていたのは大村である。

大村益次郎

木戸孝允は帰藩早々の五月に建言書を認め、至急の武備充実を訴え、さらに閏五月五日にも、藩要路に対して、先日決定した長装銃について、長崎に千挺在庫があるため、とりあえずこれを購入することを提案した。これに対し要路は、既に大村から大島郡地下医・兵学寮都講試補の青木群平に対し、武器購入の指示はしているが、さらに大至急、それ以上に入手したいと木戸に回答した。この回答からも、大村主導による武器購入の動向がうかがえる。

薩摩藩の名義貸し

閏五月二十一日、中岡が来関し前述の通り、西郷の上方直行の報がもたらされたが、木戸は西郷が来関しなかったことは仕方ないとし、一方で何とか軍艦の調達を図ろうとした。そして、薩摩藩の名義貸しに期待し、龍馬と中岡にその斡旋を依頼、後事を井上・伊藤に託して二十七日に山口に戻った。ところで、同日の伊藤書簡（前原一誠宛）によると、小銃の買入は最も急務であり、かつ今後、ますます不足することは間違いない。しかし、急に取りそろえることはできないため、今日にでも速やかに購入を決定し、併せて、どれほど必要かを調べて欲しいと申し述べた。しかも、伊藤は国内での購入が困難であるとして、上海・香港まで渡航して入手する意向を示した。

また、大村は木戸に対し、香港あたりでも武器の購入は難しく、オランダに直接注文する必要性を強調しつつ、この状態での至急の入手は不可能であるとの見通しを述べている。このように、長州藩では武器（銃）の調達について、外国に注文または出向いてでも自ら成し遂げようとしている強い意思を確認できる。薩摩藩の名義貸しの実現は、長州藩にとって、まさに死活問題であった。

龍馬らはその二日後の閏五月二十九日、下関を後にして上京を開始したが、伊藤は龍馬と中岡に軍艦購入での薩摩藩への名義借りを依頼し、承諾を得ており、しかも、成功した場合、龍馬が下関に戻るとまで約束を取り付けている。なお、伊藤は奇兵隊軍監・山県有朋にもこの経緯を伝えており、極めて良好な感触を得ている。薩長融和に反対する諸隊においても、山県のみ終始前向きで、これ以降も伊藤らと歩調を合わせ続けた。

さて、通説では龍馬らの上京は、西郷から名義貸しの承諾を得ることであり、その周旋は成功したとされている。しかし、龍馬は伊藤からの依頼の有無にかかわらず、上京して長州藩の情勢探索の結果を西郷らに報告する義務があった。そもそも、こうした政治的判断を下せるのは島津久光を除いては小松帯刀しかおらず、薩摩藩の内情をよく知る龍馬にとっては、本来であればまず掛け合う対象が小松であることは自明であった。しかし、小松は上京しておらず、まずは西郷にその可能性を打診しようとした程度と考える。

六月二十四日、龍馬らは京都の薩摩藩邸で西郷と会見したが、その内容は明らかではなく、その場で名義貸しの何らかの交渉があったのかどうかも分からない。仮にあったとしても、西郷が明確な回答ができなかったことは疑いない。そもそも、龍馬が次に長州藩に向かうのは九月下旬であり、結果として、伊藤との約束を果たせていない。龍馬らが本件で十分に周旋したとは言い難く、どの程度、名義借りについての成算があったのか、かつ、当初から本腰を入れて周旋する意思があったのかは、甚だ疑問である。

長州藩の武器購入については、前述の通り、青木群平が担当し、長崎で英国商人グラバーと交渉していたが、埒が明かなかったため、木戸はグラバーに書簡を発して、その事由を質した。それに対しグラバーは、将軍から英国女王に直接の働きかけ、つまり、幕府による長州藩の武器購入への妨害があり、今後、長州藩は国内で武器を購入することはできないと回答し、一方で、上海での軍艦・武器の購入の斡旋を提案した。

木戸は軍艦・武器が購入できる見込みがない、このような閉塞した現状を打開するため、これまで内々に薩摩藩に話を通していたこともあり、井上・伊藤を長崎の薩摩藩関係者の許に派遣し、武器購入に尽力させることにした。そして、万策尽きた場合は上海に渡航させ、購入させると藩政府に事後報告を行った。木戸のこうした独断専行的な行為は、焦燥感を募らせた木戸がグラバー提案に乗っかる形で、勇み足的に決断した一手であった。薩摩藩云々については、龍馬・中岡を通じて軍艦購入に関わる名義貸しを薩摩藩に依頼していることを指しているが、龍馬らの周旋状況が明らかでない段階で派遣を決めたことになり、ここでも木戸の焦りを確認できよう。

　井上らは、たまたま京都から来関していた三条実美の従士楠本文吉を伴い、七月十六日に下関を出発、十七日に太宰府に到着して土方久元を訪ね、薩摩藩士への紹介を依頼した。土方の計らいで、翌十八日には篠崎彦十郎・渋谷彦助と会談し、武器購入に長崎まで赴くための薩摩藩の通行手形を所望したところ、長崎在番藩士の市来六左衛門宛の紹介状まで入手できた。薩摩藩士の同行については、太宰府には少人数しかいないとの理由から断られたが、その際、小松が長崎に滞在中であり、名義借りについては都合が良いとの言質を得たことから、武器だけでなく軍艦購入についても、井上らは自信を深めた。篠崎・渋谷は極めて好意的に井上らを迎えており、太宰府の在番藩士を始めとして、薩摩藩が薩長融和に向けて大いに積極的であることがうかがえ、井上らもそのことを肌で感じ取ることが可能であった。

　そのためか、伊藤は武器・軍艦の購入を前提として、具体的な決済処理まで藩要路に依頼した。一方で、名義借りによる購入に関して違約があっては、薩摩藩に対しても違約となり、取り返しがつかない国辱となると釘を刺している。これは、後述する海軍局からのクレームを想定していた可能性も否定できない。この要請に対し、山田宇右衛門は木戸に対し、七月十四・十六日書簡で井上らが、①薩摩藩への名義借りによって、長崎で武器（小銃）を購入すること、②長崎で購入すべき小銃がない場合、海外で購入すること、③薩摩藩への名義借りによって、軍艦を購入することの三点を認めていた。

しかし、十八日書簡では一転して前言を取り消し、認めたのは①のみであり、②③は別途評議が必要である旨、申し伝えた。この方針転換について、軍艦購入に対して海軍局との間で何らかの大きなトラブルが発生していることを示唆している。山田は十九日にも念押しの書簡を発し、大至急、井上らに申し伝えるように依頼しており、予断を許さない事態に発展した。

海軍局としては、軍艦購入を既に再三藩政府に願い出ていたが、経済難を事由に断られてきた経緯があったため、今回の藩政府の対応に対して猛烈なクレームを付けた。山田が態度を急転させたのは、海軍局の理屈が正論であり、かつその圧力に屈したからに他ならない。海軍局はユニオン号事件（艦の帰属をめぐって薩長間で紛糾）でも藩政府に異論を唱えており、結果として、薩長融和に対する長州藩内の反対勢力の一翼を担うことになる。

七月二十二日、藩政府は海軍局員の河野留之助・佐藤弥三左衛門の長崎派遣を決めたが、海軍局では軍艦購入が中止になった旨、井上・伊藤に申し聞かせ、向後の憂いを取り除くようにと内訓を河野らに下し、藩政府が認めている武器購入まで阻止しようという勢いであった。一方で、海軍局員が検分し、問題ない軍艦と判断できた場合に限り、購入することを認めている。これは、海軍局といえども軍艦購入の機会は、ほぼ絶望的であることを認識しており、背に腹は代えられない状況がうかがえる。

第二節　名義借り問題と薩長融和の促進

慶応元年七月十九日、井上馨・伊藤博文は五卿に謁見し、再び楠本文吉を伴い長崎に向かい二十一日に到着、長崎在番の市来六左衛門を早速訪ねて事情を開陳し、小松帯刀との会見を実現した。偶然とは言え、薩摩藩の筆頭家老であり久光の唯一の名代的存在である小松が長崎に滞在していたことは、井上らにとってまさに驚くべき僥倖であった。伊藤は井上と連名で書簡（山田・兼重・広沢・前原・木戸宛、七月二十六日）を発し、この間の事情を藩要路に伝えている。

これによると、武器購入のための名義借りを小松に懇請したところ、思いの外、都合良く進み、名義を借りて調達することに決まった。よって、外国人（グラバー）に商談に及び、武器（銃）はほぼ残らず手に入り、軍艦についても、意外にも小松の同意を簡単に取り付けることができたと上首尾に運ぶ様子を述べる。そして、小松が長州藩への支持は薩摩藩のためでもあり、幕府の嫌疑などには見向きもせず、どのような尽力でも惜しまないと断言したことを、驚きをもって申し送った。

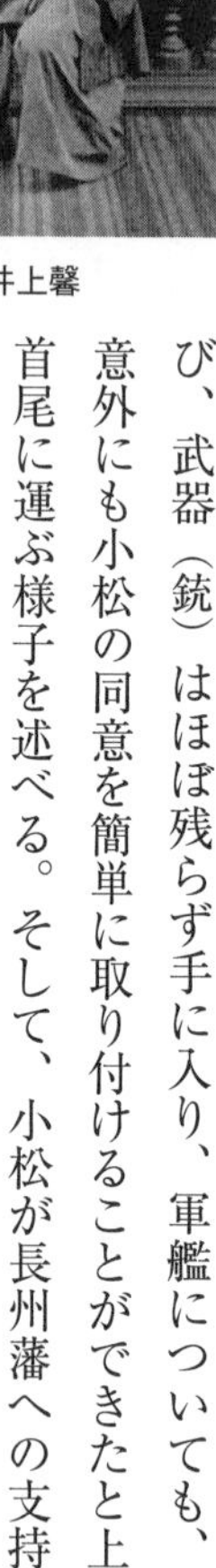

井上馨

伊藤博文

　これを受け、伊藤は長州藩の銃購入が速やかに運ぶことに加担するにあたり、小松には幕府の嫌疑を忌避する態度が全く見受けられなかったと、繰り返し証言した。そして、井上は小松に同道して鹿児島まで行き、軍艦購入の周旋を行うことになり、伊藤は長崎に残り銃の不足分の調達などに尽力し、井上が長崎に戻り次第、薩摩藩の軍艦に銃を積み込んで帰藩すると申し伝えた。

　伊藤は続けて、薩摩藩でさえ幕府の嫌疑を厭わずに尽力してくれているのに、藩政府が動揺して決定を覆すようでは、今日の緊急事態に対応できないのみならず、薩摩藩に対して確固たる藩論を明言できないと苦言を呈した。そして、速やかに藩主の軍艦購入許可の決済を求めており、井上らのただならぬ焦燥感がうかがえる。さらに、軍艦のことは小松の了解もほぼ得ており、今後も薩摩藩とは一体となってことを進めることになり、長州藩からあまり動揺を来すことを言い出すべきではないとして、速やかに藩主の決済を受けることを、伊藤は繰り返し懇請している。

最後に、薩摩藩は藩是を「開国勤王」に決し、開国を唱えながらも幕府を扶助する会津藩とは絶交しており、完全に薩摩藩を信用すべきかについては、一定の留保をしつつも、薩摩藩の藩是を国家に有益であると極めて高い評価を下している。また伊藤は別途、木戸に書簡（七月十九日）を発して、薩摩藩は幕府の嫌疑を受けており、肥後藩は長崎奉行に、小松は長州藩を援助するために、長崎に滞在しているなどと注進しているが、薩摩藩の目的はあくまでも、自藩の海軍興隆による武備充実であると伝える。なお、小松について、「余程よき人物と賞居申候」（『木戸孝允関係文書』1）と、その手腕を絶賛している。

藩政府は伊藤・井上書簡による報告を受け、また木戸から決断を求められたこともあいまって、蒸気商船一隻・蒸気砲艦二隻の購入を決定した。前者は井上らが交渉中の木造船ユニオン号（その後、海軍局の藤井正之進・長嶺豊之進による点検後、購入することに決定）、後者は海軍局に命じてそれぞれ購入し、その費用は撫育金から捻出することとし、八月三日に藩主の裁可を得た。

小松・井上パイプの重要性

藩政府の翻意の背景として、井上らが小松と接触した事実が大きく寄与している。小松は薩摩藩の筆頭家老で、久光の名代とも言える存在である。この間、薩摩藩は岩国・吉川経幹を通じて対長州藩交渉を続けてきたが、宗藩との接触はわずかに龍馬・木戸会談レベルに止まり、小松にとって長州藩からの接触は渡りに船であった。

一方で長州藩にとっても、その小松と井上らにパイプができたことは画期的であった。しかも名義借りに止まらず、小松が幕府の嫌疑を顧みずに長州藩への援助を申し出たことに対し、望外な期待を寄せたことは間違いない。しかも、井上は小松に請われて鹿児島に向かっており、薩長融和に向けた雰囲気が俄然醸成されていた。七月二十一日の小松と井上・伊藤会談は、現実的な薩長融和に向けた最初の第一歩と言えよう。

八月一日、井上は小松と共に鹿児島に到着、その後二〇日間にわたって滞在したが、その間に桂久武・大久保利通・伊地知壮之丞らと会談し、これまでの両藩間の疎隔を融和し、皇国のために薩長連携が必要であるとの意見で一致した。そこで、井上は薩長融和に向けた使者を派遣することを薩摩藩に提案し、小松または大久保派遣の同意を得たとされる。

しかし、後述の通り、小松らは井上らの帰藩に同行しておらず、これは井上に誤認があったか、小松らの予定に変更があったのか、何らかの齟齬が生じたことは否めない。結局のところ、薩摩藩側には幕府の嫌疑を冒してまで、その時点で、長州藩に有力藩士が赴くメリットを感じなかったのであろう。また、藩内には異論も存在しており、一気にそこまでの進展は望めなかった。

木戸はこの間の藩政府の動揺に嫌気がさしており、萩で退隠することを願い出たが、銃の運搬で来関する薩摩藩士の対応は、木戸以外には誰もできないと、藩要路に代わる代わる慰撫され、ようやく翻意して八月十一日に下関に至った。木戸は長州藩にとってなくてはならない外交官的存在であり、特に薩長交渉といったハイレベルな交渉においては、唯一対応できる人材であったことがうかがえる。

木戸は伊藤書簡（八月九日付）によって、小銃運搬の薩摩艦船に小松または大久保が乗船して来関し、購入候補のユニオン号も回航するとの情報を得た。木戸からその報告に接した山田や広沢らの藩要路は、国家にとって大幸と捉えて尋常でない喜びを露わにし、その接待を十二分にすることに意を用い、例えば進物の選択について、見苦しいほどの気遣いを示した。また、木戸に薩摩藩士の応接を求めると同時に、ユニオン号点検のために海軍局の藤井・長嶺に加え、幹部の中島四郎も派遣するので、その際の取計いを委任した。

八月二十二日、井上は長崎に戻り、ミニエー銃約四千挺（ゲベール銃約三千挺は別送され十月三日に到着）を胡蝶丸および海門丸に積み込み、伊藤・近藤長次郎と共にユニオン号を含めた三隻で長崎を出発した。そして、二十六日に下関に到着、井上のみ小銃を三田尻までそのまま運搬した。なお、グラバーもユニオン号に乗船して同行しており、伊藤と共に下関に滞在している。

木戸は藩政府に到着を知らせると共に、海軍局がユニオン号購入に反対を唱え、また、薩長連携に関しても藩内に異論が存在するとして、薩摩藩士応接の任を辞退することを申し出た。それに対し、山田・広沢はこの事態を陳謝し、井上・伊藤の尽力を称賛すると共に、ユニオン号は予定通り購入を目指すことを伝え、藩内の統制・融和を約束して協力を要請した。結局、木戸は馬関駐在応接方・越荷方・対州物産取組に任じられ、下関での全権を担った。なお、高杉晋作も九月二十六日に同役を拝命し、かつ同日に木戸・高杉は海軍興隆掛の兼務を命じられた。こうして両名は下関において、軍艦購入・薩長融和の推進役を任された。

近藤長次郎の活躍

井上は三田尻から下関に戻り、木戸・高杉らと協議して、藩主毛利敬親と近藤との謁見をセッティングし、藩主からの依頼によってユニオン号購入の実現を期すことにした。木戸・井上は山口に近藤を伴って赴き、九月六日に敬親に謁見し、情勢報告と共に近藤引見を進言したため、早くも翌七日に実現した。敬親はユニオン号購入に向けた周旋を、近藤に要請すると共に、この間の尽力に謝意を示して三所物（刀剣の付属品である目貫・笄（こうがい）・小柄）を下賜した。また、本件に関与した小松・桂・大久保・伊地知・市来ら薩摩藩士や運搬関係者（艦長・士官・水夫等）に対して、贈答品を送った。

近藤長次郎

敬親が一介の浪人に過ぎない近藤を引見した事由であるが、その場にも立ち会った直目付柏村数馬は、「薩藩上杉宗次郎（近藤長次郎）被召出、御両殿様拝謁被仰付、薩国論被聞召、御伝言之旨被仰含御自翰御託し被遊候、宗次郎へ三所物被下候事」（『山口県史　史料編幕末維新4』）と日記（九月七日条）に記している。これは、近藤は土佐藩浪士ではなく、「薩摩藩士」と認識されていたことが前提となる。そして、この間の重責を果たしたことに対する労いであると同時に、卓越した手腕を持つ近藤への信頼感と今後のさらなる周旋への期待があった。

武器購入による融和

さて、今回の薩摩藩からの名義借りによる武器の購入が、薩長融和にどれほど貢献したかについて述べておこう。木戸は小松・大久保が来関しなかったことに大いに失望し、山田に書簡を発して、薩摩藩は長州藩の推測とは大いに相違し、幕府の嫌疑を随分と厭っており、薩摩藩内部では、基本的には長州藩を恨みに思う相手として捉えていると申し送った。そして、薩摩藩の有志はその点は氷解しているが、要路は薩長の合体・合力についてはは容易に決断できずにおり、長州藩が薩摩藩の足元に寄り付くことも容易ではないと嘆じる。

木戸は続けて、今回も大いに嫌疑を恐れて銃を下関に陸揚げすることなく、三田尻まで回航しており、主立つ人物は一人も乗船しておらず、船長も愚直な人物で天下の形勢を論じられる器ではないと突き放す。このように、薩摩藩側には薩長融和の気運がまだないとして、極めて深刻な失望感を吐露している。

その一方で、長州藩には薩長融和に向けた大きな期待が存在した。大村益次郎は小銃入手が薩長融和に向けたまたとない機会と捉え、武器も手に入り一石二鳥であると、木戸に喜びを伝えた。また、薩長融和には慎重であった広沢真臣も、薩長融和に大きな期待を寄せ、木戸の周旋に謝意を表した。また、山田宇右衛門は銃の到着を歓迎し、薩長融和が政治レベルのみならず、経済レベルでも促進することを期待した。

さらに、藩主毛利敬親・広封父子は島津久光・茂久父子に対して、九月八日に礼状を送付し、幕府の外国との対応が不行届きとなり、人心が動揺して朝威も衰退したと考えて朝廷のために尽力した。しかし、何かにつけ齟齬も多く、忠誠心も貫徹できずに現在の状況に至り残念であると、この間の事情を述べる。そして、井上から薩摩藩が勤王にことさら邁進する様子をうかがっており、この間のわだかまりは全て氷解して欽慕しているとし、一層の両藩の厚誼を依頼し、詳細は近藤より聞き取って欲しいと懇請した。

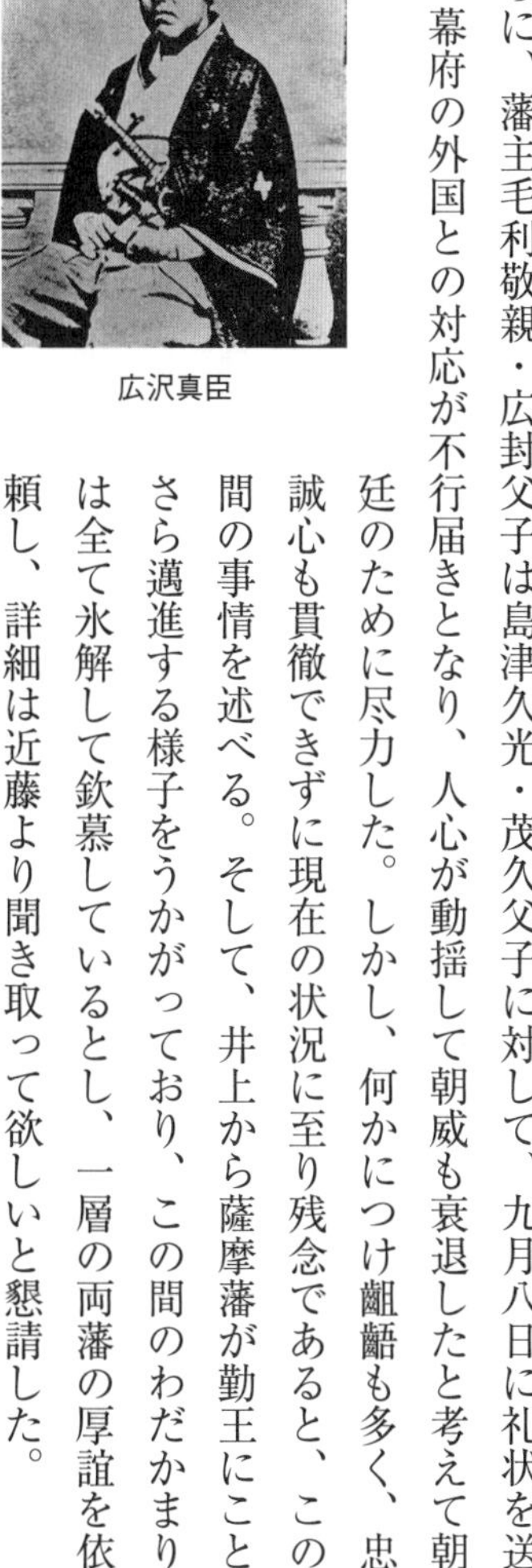
広沢真臣

今回の井上の鹿児島での厚遇に対する礼状という形式を取りながら、近藤に託されたユニオン号購入の斡旋を期待したものであった。しかし、長州藩主父子が薩摩藩主父子に欽慕するとまで述べて関係改善を持ちかけており、薩長両藩のトップレベルでの融和促進が図られた。また、九月九日には他国船入港の取り締まりは、追々厳重にするよう沙汰しているが、薩摩藩とは取決めができたため、薩摩藩所有の軍艦・商船が入港した際は万事手厚く取り扱い、薪水その他、欠乏品の購入希望があった場合は、売り渡すように心得るようにとの達しが出ており、薩摩藩船への過度な気遣いを示している。今回の薩摩藩からの名義借りによる武器購入は、長州藩にとっては極めて重大事であり、これを契機に長州藩側からも歩み寄りが始まった。

形に現れた確かな連携まで一気に目指していた木戸にとっては、物足らなかった嫌いがあり、また、両藩内では反対または慎重である勢力の存在が確認できる。しかし、長州藩にとっては、抗幕姿勢を貫く雄藩との連携のまたとない好機到来であり、薩摩藩にとっては秋波を送り続けた長州宗藩との交渉が可能となったことから、薩長融和は確実に前進したと言えよう。

亀山社中

ところで、薩摩藩の名義貸しによる武器の購入において、亀山社中の功績が大きく取り上げられる傾向にある。これは坂本龍馬が西郷隆盛の了解を取り付けたという不確実な前提によるものである。しかし、前述の通り、事実である可能性は低く、そもそも、亀山社中は小松が長崎に行く際（六月二十六日長崎着）に購入船（海門丸）の運用のために同行した龍馬以外のメンバーからなっており、実態としては小松配下の土佐藩脱藩浪士を中心とする一団を指す。彼らはこの段階では龍馬とは一切関係がなく、そもそもこの時期、龍馬は長崎にいなかった。小松と共に鹿児島から長崎に向かったが、期せずしてユニオン号の運用も取扱うことになったため、結果として、あくまでも薩摩藩士として、長州藩に対して自分たちをグルーピングして「社中」を名乗ったに過ぎない。社中の実態は、私設海軍・貿易結社にはほど遠く、薩摩藩・小松帯刀の下でユニオン号の運用に従事する土佐藩脱藩浪士の集団であり、社中の成立はあくまでもこうした経緯の中で偶然になされた。つまり、いわゆる「亀山社中」が存在したとは言い難く、この段階の社中が海援隊へつながったとする連続性はナンセンスである。

彼らは「薩摩藩士」として、名義借りによる武器購入に尽力する、井上・伊藤の身元保証を請け負うような援助をしている程度であり、実際の購入交渉は、井上らが直接グラバーと行っている。その中で近藤長次郎は異彩を放っており、事実上、社中の代表格として井上の鹿児島行きに同行し、長州藩主にも謁見してユニオン号の斡旋を託されている。近藤は、龍馬とこの時点では同格であり、薩長融和に果たした役割を見逃すべきではない。

第六章　長州再征・通商条約の勅許と薩摩藩

第一節　再征勅許に関わる幕薩対立

征夷大将軍徳川家茂が江戸を出立して既に二ヶ月が経過したものの、その間に期待した長州藩からの服罪使は現れなかったため、ようやく幕閣も事態打開に動き出した。慶応元年六月初旬に大坂に揃った閣老・一会桑勢力、そこに諸藩の周旋方と連絡を密にする肥後藩京都留守居役・上田久兵衛が加わり、主として、老中阿部正外（まさとう）と上田が中心となって、打開策が模索された。その結果、上田の建言に沿って、長州藩に対する処分方針の勅許を獲得することで現状の打開を図ることになった。しかし、実際にはその期限は定められず、

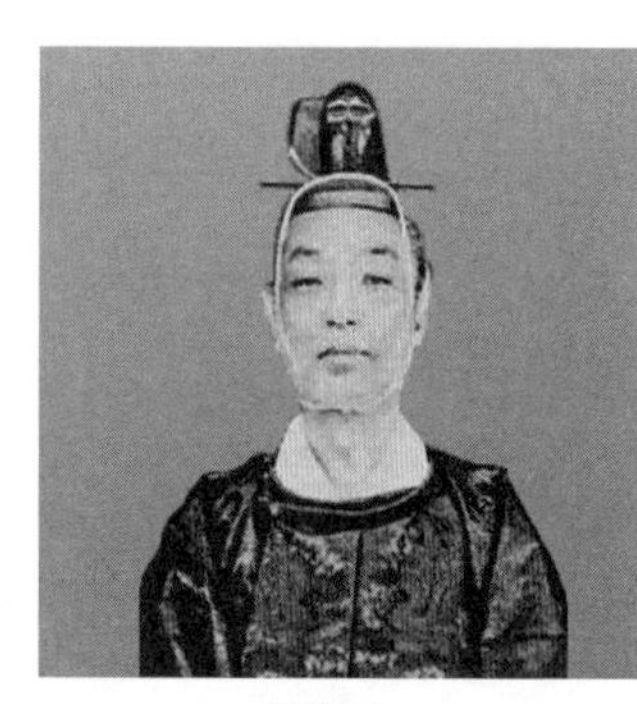

朝彦親王

近衛忠房

藩士レベルの廷臣への入説程度に止まり、相変わらず受け身の体制のままであった。

六月十七日、一橋慶喜・松平容保・松平定敬（さだあき）の一会桑勢力および阿部老中は揃って参内し、朝彦親王・晃親王・関白二条斉敬・右大臣徳大寺公純・内大臣近衛忠房、権大納言一条実良・九条道孝らと長州藩処分について議論し、徳山藩主毛利元蕃・岩国領主吉川経幹を大坂に召致して尋問し、場合によっては奏聞せず、臨機の処分に及ぶことを奏請し聴許された。よって二十三日、芸州藩主浅野茂長（もちなが）に命じ、その内容を元蕃・経幹に伝達させ、その登坂までの護衛を命じた。なお、七月二日に家茂は大坂講武所に臨み、幕兵の武技を観覧しており、その後も度々繰り返して士気の低下を防ごうとしたが、事態は遅々として進まず、効果は望むべくもなかった。

幕府の命を受けた芸州藩は、七月一日に植田乙次郎を岩国に派遣し、上坂命令を内報したため、長州藩では慎重にその対応を協議し始めた。七日、芸州藩から徳山・岩国に公式に召命がもたらされたため、二十三日に至り、藩主毛利敬親・徳山藩主毛利元蕃・清末藩主毛利元純・長府藩世子毛利元敏・岩国領主吉川経幹は山口に会し、末家・家老大坂召致の幕命に対する措置を議し、ようやく二十七日に病気による上坂辞退の弁明書を芸州藩経由で提出することに決した。家老宍戸備前、藩士松原音三・楫取素彦は、八月一日に芸州藩に派遣され、十五日に芸州藩世子浅野茂勲（もちこと）に謁見し、家老連署の歎願書を提出して幕府への周旋を依頼した。

この嘆願を却下した幕府は、八月十八日に芸州藩主に命じ、元蕃・経幹が病気であれば、代わって長府・清末両藩主および宗藩家老が九月二十七日を期して、上坂すべき命令を伝へさせた。そして、八月二十三日、幕府は長州藩に末家・家老等の上坂の期限を伝達した旨、大坂滞陣の諸藩に回覧し、その期日までに出頭しない場合は直に進攻するとして、予め準備するように命じた。これに対し、九月十九日に長州藩は松原音三を芸州藩に遣し、やはり病気により上坂はできないとして斡旋を依頼した。

九月十五日、この事態の打開を図るため、いよいよ将軍家茂は征長勅許の奏請のため、大坂城を発して上京の途に就き、翌十六日に二条城に至った。支藩主や宗藩家老が大坂召還の幕命に対し、病気を理由に一切応じない現状を、朝廷の権威によって何とか打破しようとする窮余の一策であった。これまでも、一会桑勢力は勅許を獲得すべく、二条関白・朝彦親王に入説していたが、この時期は主として会津藩士広沢安任・桑名藩士森弥一左衛門・久留米藩士久徳与十郎・土佐藩士津田斧太郎らが朝彦親王に謁見し、勅許が叶うように建言を繰り返していた。

一方、薩摩藩では西郷隆盛と交代するため、大久保利通が八月二十五日に鹿児島を出発し、九月二日に大坂に到着、その後上京したが、入れ替わり西郷・吉井友実が下坂して幕府の動静をうかがうこととした。十三日、大久保は一端下坂して西郷らと協議の上、大久保は帰京して近衛忠房・正親町三条実愛・晃親王に対し、再征勅許の阻止に向けた周旋を行うことを決した。その眼目は雄藩諸侯に上京を命じ、列藩会議によって衆議に諮り、長州藩処分の内容を決定することにあったが、そこに四国(英仏蘭米)代表を乗せた艦隊の大坂湾侵入の事態を迎える。

大久保の「非義の勅命」発言

九月十五日、大久保は滞坂中の西郷・吉井に書簡を発し、江戸から飛脚が到着し、四国代表が大坂に向かったことが判明したため、状況探索が叶うまでの滞坂を依頼した。また、一会桑勢力と癒着する二条関白・朝彦親王を避け、近衛忠房らによる諸侯招集の周旋に期待をかけたが、その説が採用されないとしながらも、今回の外国艦隊の来航は好機であると主張する。そして、通商条約の勅許を求めて来航した四国代表を外圧として利用し、諸侯会議の開催を目指すことが可能であるとの判断を示した。

こうした中で、九月二十日、朝彦親王・晃親王・二条関白・徳大寺公純・近衛忠房・一条実良・九条道孝・正親町三条実愛に加え、一橋慶喜・松平容保・松平定敬らの武臣も参内し、小御所にて長州再征・将軍進発について議論したが容易に決せず、二十一日の明け方に至り、ようやく幕府からの建議に内決するに至った。この事態を憂慮した忠房は大久保に内密に報じ、かつ、晃親王に反対意見を入説することを命じた。しかし、大久保は将軍の参内が本日あるため、勅許阻止の藩意を貫徹するには、実力者たる朝彦親王を説破するに限ると考え、ターゲットを変更して宮邸に参殿した。

大久保は、幕府はもちろんのこと、朝廷からも薩摩藩は嫌疑を受けているため、建白しても無駄であろうと沈黙を守ってきたが、朝廷が危急の時であり、止むに止まれぬ思いで参殿したと述べ、昨日の内決内容を問い質した。朝彦親王は、朝廷おいては諸侯を招集し、公議によって国是を議することに決定し、二条関白から一会桑勢力へ諮問したと、この間の経緯を語り始めた。

その諮問に対し、慶喜は外国艦隊の摂海侵入については、既に阿部老中が下坂して対応しており、必ず退帆させることになるので安心して欲しい。また、諸侯召命は大いに時間がかかり、その内にどのような支障が起こるとも限らず、征夷大将軍の職掌も全うできないと断固として承服せず、再征勅許を執拗に求めたため夜明けまで議論し、その結果、内決に至ったと回答した。

大久保は将軍進発を巡る幕府の横暴を列挙し、幕府は朝廷を蔑にしていると責め立て、追討の名義がないにもかかわらず、もしも朝廷がこれを許容したとしたら、「非義之勅命ニ而、朝廷之大事ヲ思列藩一人も奉し候ハす、至当之筋を得天下万人御尤と奉存候而こそ勅命ト可申候得は、非義勅命ハ勅命ニ有らす候故、不可奉所以ニ御坐候」(『大久保利通文書』一)と言い放った。大久保は天下万民が至当と判断しない勅許は、非義の勅命であって、諸藩は奉じないとまで切言し、ひたすら朝廷を尊奉するための諫言であって、長州藩に同意しているとか討幕を企図しているとかではないと強調した。そして、薩摩藩の意見を一会桑勢力や閣老に示すことを懇請して、そのために幕府から罪を受けることもやぶさかではないとまで言い切った。

これに対し、朝彦親王は当惑の体で、一会桑勢力が強過ぎるため、自分の力では負いかねるので、本日中に二条関白に国事御用掛の辞職を申し入れると述べたため、大久保はこの大事に臨んで、傍観するとは何のために還俗したのかとまで詰め寄った。大久保の尋常でない物言いに圧倒された朝彦親王は、自分一人ではどうにもならないとして、添え状まで手交して二条関白の許に至急行くように諭したため、大久保はようやく退散した。

その後、大久保は午後二時頃、二条関白邸に伺候し同様の入説を行った。二条は薩摩藩を拒んで、幕府に取り込まれていると喧伝されて甚だ迷惑であり、久光の文久二年の率兵上京から朝権が上がっており、最も忠誠を尽くしている藩であるとの意向を示し、くれぐれも雑言に惑わされないようにと述べる。そして、昨夜の会議は紛糾したが、長州再征についてては服罪をしていないことは明白であり、朝敵である長州藩への再征は理の当然である。そこに、外国艦隊の来航の一報があったが、これについては、諸侯を招集して衆議を尽すことに同意した。しかし、慶喜らがこれに猛反発したため、これも幕府に委ねることになったと説明した。

これに対して大久保は、この間の朝廷を蔑にして、勅命に反し続ける幕府を厳しく責め立て、あくまでも諸侯招集による公論採用によって、長州再征や条約勅許について決定すべきであると固執し続けた。二条は同意したものの、一会桑勢力は辞職をほのめかして阻止を図ることは必至であり、そうなれば朝幕関係は隔絶するに相違ないとの憂慮を示した。そのため、大久保は条理に適った沙汰に不平を述べ、辞職退身などと言うのは朝廷に対し不臣の者なので、その通りに認められたらどうかと、不遜な物言いを重ねた。二条は近衛忠房・朝彦親王・晃親王と協力して尽力する旨を約し、忠房にも入説することを依頼した。大久保はこのことが行われなければ、「今日限之朝廷卜奉存候」と駄目を押して、近衛邸に移動し、そこでの言上が終わった時は既に午後六時となっていた。

その二十一日夜、将軍家茂は慶喜らを従へて参内し、長州征伐の勅許を奏聞した。二条は朝彦親王・近衛忠房・晃親王と共に慶喜・容保と対面し、前日の決定を再議し直すと申し入れた。すると慶喜は激怒して、将軍が参内しているにもかかわらず、匹夫（大久保）の建言を聞くことによって、妄りに時間を費やすのみならず、それを容れて軽々しく朝議決定を改めると言うのは誠に天下の一大事である。こうなっては将軍以下、職を辞する他なしと極言したため、関白は返す言葉もなく、二十二日の零時ころに至って長州再征は勅許された。なお、それを見届けた家茂は二十三日に京都を発して大坂に帰った。

近衛忠房からの密書で、その決着を聞き及んだ大久保は、二十二日早朝になって朝彦親王を訪ねた。朝彦親王は、二条関白以下四名で一会桑勢力等と対峙したものの、異論紛々で叡慮を仰ぐことになったと弁明した。そして、孝明天皇は薩摩藩に理解を示されているので、遺憾ながら失望しないようにと伝えた。しかし、大久保は朝廷はこれ限りであるとのみ言い放ち、早々に朝彦親王邸を後にした。

大久保は引き続き、二条関白邸に参殿して事情を確認したところ、朝彦親王と同様な回答であり、二条の繰り返しの慰撫にもかかわらず、この度の大事は去り、皇国は暗夜となった心持であり、極めて遺憾であるとの捨て台詞を残して退散した。これまでの元治慶応期の薩摩藩の中央政局での周旋交渉は主として小松帯刀が前面に出ていた感があったが、今回は大久保の独断場であった。しかも、その周旋は苛烈を極め、二条らを辟易とさせており、大久保の存在感を一気に高めたと言えよう。

この間の経緯において、薩摩藩が勅命を拒否する態度を示したことを重要視するが、前年の元治元年（一八六四）七月八日、老中稲葉正邦を経由したものではあったが、出兵の勅命に対し薩摩藩が拒否している前例があることから、本書ではそのこと自体をことさらに重視しない。それ以上に、大久保が諸侯会議を前面に打ち出し、倒幕志向は否定しながらも、武力を伴わない「廃幕」を声高に唱えたことを重視したい。

第二節　通商条約勅許に関わる幕薩対立

元治元年八月の四国連合艦隊による下関砲撃事件後、長州藩と講和を成立させた英国特派全権公使オールコック・仏国全権公使ロッシュ・米国弁理公使プリュイン・蘭国総領事ファン・ポルスブルックは、善後処置について幕府と折衝を行った。そして、九月二十二日、若年寄酒井忠毗（ただます）と横浜において四箇条からなる「下関事件取極書」を協定し、償金三百万ドルを支払うか、下関または瀬戸内海の適当な他の一港を開港するかを取り決めた。幕府は慎重に協議を繰り返したが、翌元治二年三月十日、四国使臣に対し、取極書による瀬戸内海での開港が困難である国情を述べ、償金を支払うことを通知した。

しかし、長州征伐等による財政難から、第一回分（五十万ドル）を本年六月に支払い、第二回分の支払を一年延期して残金は取極書の通り、三ヶ月ごとに支払う旨、了解を求めた。この要求に対し、七月十五日に至り、英国特派全権公使パークス（閏五月十六日に横浜に着任）・仏国ロッシュ・米国代理公使ポートマン・蘭国ファン・ポルスブルックは連署して、

第一回分五十万ドルを領収すること、一方で第二回分支払延期の要求は、各本国政府の判断を待って回答することを幕府に通達した。

英国政府はオールコック後任の代理公使ウインチェスターの提案に基づき、賠償金三百万ドルのうち三分の二を放棄する代わりに、大坂・兵庫の早期開市・開港、通商条約の勅許、輸入関税の引き下げを三条件とすることとし、仏・蘭・米政府の了解を得た。よってパークスに対し、八月十七日受領訓令でその旨を通知し、さらに九月四日受領訓令で、仏・蘭・米公使と協議の上、その対応を委任した。そこでパークスは、将軍家茂が「ミカド」がいる京都に近い大坂におり、しかも、五人の老中の内四人が随従する今が絶好の機会であるため、大坂湾まで艦隊を率いて乗り込み、英国提案の三条件で交渉することを主張した。最初は渋っていたロッシュも歩み寄ったため、九月十一日には四国代表間で同意を得た。

レオン・ロッシュ

ハリー・パークス

十三日、パークスらは三条件を要求するため、軍艦九艘（英五艘・仏三艘・蘭一艘）を率いて横浜を出帆し、十六日に兵庫沖に至り、同日、パークス、ロッシュはそれぞれ通訳官シーボルト、カションらを大坂に派遣し、来航の趣旨を幕府に告げて応接の期限・場所を協議することを求めた。そのため、十九日に京都から老中格小笠原長行が赴いたところ、通訳官は七日以内に三条件の諾否を求めたが、小笠原は老中阿部正外が不在であるとして、二十一日の英艦上での会見を約束するに止まった。

九月十八日、所司代松平定敬は外国軍艦九艘が来航したが、速やかに退帆するよう取り計らうと奏聞し、二十三日には阿部老中・外国奉行山口直毅らは兵庫沖に到り、四国代表と会見した。その席で四国代表は三条件を開示し、速やかな回答がなければ上京して朝廷に要求すると迫った。阿部は税率の改正以外は、将軍の独断では決められないとし、二十六日を期して確答することを約束し、翌二十四日に帰坂して家茂に復命した。二十五日、家茂は幕閣を集めて善後策を協議したが、阿部および老中松前崇広は四国代表の上京を恐れ、兵庫開港を主張したため幕議は遂にそれに決した。他方で幕府は、二十四日に大坂滞在中の諸侯および有司に対し、翌二十五日に一役一人を登城させることを命じた。つまり、形ばかりの衆議を尽すポーズを取った。

この間、薩摩藩では大久保利通が在京し、西郷隆盛・吉井友実が大坂で幕府および外国艦隊の動静を探っていた。西郷書簡（大久保宛、九月十七日）によると、西郷は坂本龍馬・中路権右衛門（尾張藩浪士）を兵庫に派遣したものの報告がなく、さらに黒田彦左衛門も探索のため兵庫に派遣し、吉井も越前藩邸に問い合わせに行ったが、詳細は分からなかった。そこで、木脇権兵衛をして幕吏に問い合わせ、ようやく艦隊の編成や小笠原が派遣されることなどが判明した程度であった。

そして、西郷は通商条約の勅許問題が幕府から朝廷に移管されれば、朝廷から諸侯招集が叶うとし、天下の公論によって至当の処置が執られなければ、済む問題ではないと薩摩藩の方針を唱える。反対に、条約勅許と兵庫開港が幕府の意向のみで決まってしまえば、皇国の恥辱は計り知れないと危惧の念を示し、相変わらず優柔不断な朝議の有様を歎じた。

諸侯召集の周旋

長州再征の勅許阻止に失敗した在京薩摩藩要路であったが、諸侯招集の実現による一発逆転に望みをかけていた。九月二十四日、西郷・大久保・吉井らは西国雄藩の諸侯を京都に会同し、これによって再征を阻止し、併せて条約勅許問題の解決を図ることを議した。さしあたって、島津久光・松平春嶽・伊達宗城の上京を促すことにし、大久保は福井、西郷は鹿児島、吉井は宇和島に手分けして出発した。当然ここに山内容堂が入ってしかるべきであるが、容堂の招請は見送られた。後述の通り、龍馬が一時候補になった可能性があるものの、龍馬は長州藩への使者となる。これは、龍馬が然るべき使者と見なされなかったこともあろうが、長州藩派遣が喫緊の課題となったため、見送られたと考える。

ところで、宇和島藩士の報告の中に、「薩、外ハ洋人を誘引し、内ハ征長之事ニ付朝幕を攪擾す」「薩長英船へ乗組候を幕吏横浜ニ而見届候」（『玉里』四）とあり、薩摩藩が長州藩のみならず、外国（英国）と結びついているとの嫌疑が中央政局で喧伝されている一端がうかがえる。また京都留守居役内田政風は十月五日に御所諸大夫仮建に召された際に、会津藩士広沢安任が本件を岡山藩士に語っているところに口を挟み、薩摩藩の関与を否定している。

なお、本件が広く喧伝されている証拠として、尾張藩関係者の間でも同内容が共有されており、大坂からの情報として、「兵庫沖へ碇泊仕候異国船全く長州人並薩州人ニ御座候由、左候得は何レ大変ニ可相成と被存候」「異船十一艘程乗込居候中ニ薩長人も乗組有之由風聞ニ御座候」（九月二十七日・十月二日付、『連城紀聞』二）と名古屋に伝えられている。さらに鳥取藩でも、御近習・永田蘇武之助が「薩長人異船へ多人数乗込居候よしニて、兵庫開港強談之儀も、其元は薩長より起候かニて、異人計之事ニ無之、甚不審之筋有之、全長州同腹ニて御加勢之儀等申立候得共、其実は如何可有之哉」(『池田慶徳公御伝記』三)と国許に伝えている。中央政局における薩摩藩への嫌疑は、既にこの段階で薩長融和が前提とされており、しかも、諸藩においてもそのことが半ば事実として喧伝されていた。

薩摩藩政府は西郷・大久保に対し、我が藩にとって危険が迫る大事件の出来であるが、西郷らが言う通り、かえってこの事態を好機会と捉えている。しかし、朝廷が公平至当と言える諸侯会議を招集しなければ、外国の術中に陥り、恥辱を受けることになるため、必死になって周旋するように求めた。また、西郷より状況に応じて久光の上京を求められたことについては、速やかに応じることになろうとの見通しを伝え、重ねて尽力することを命じた。鹿児島では、外国艦隊の大坂湾侵入の一報を受け、久光の上京が事実上直ぐに決定したことがうかがえる。久光はこの事態を逆手にとって、京都での諸侯会議、そして外交権を幕府から朝廷に移管することを企図した。

ところで、大久保は福井に九月二十七日に到着し、同夜に春嶽に謁見して中央政局の情勢を説明し、春嶽の至急の上京と尽力を懇請した。また、久光・宗城も至急上京するであろうとの見通しを示し、春嶽と久光は従来から同論であり、京都に危急の事態が生じて猶予ならない場合、直に福井に赴いて春嶽の意向を確認するよう、久光から以前より内命があるため、今度在京の重臣らと協議の上、伺候した経緯を付け加えた。

そもそも二日前の二十五日に、春嶽は要職会議を開き、将軍の進発は不可であり、速やかに上坂して家茂に意見を建白しようとしていた。これは九月二十二日に近衛忠房から書簡（九月十九日付）が届き、外国艦隊が摂海に侵入しており、しかも外国人が閣老と一緒に上洛するとの風評を報じ、諸侯を召して衆議を尽すべきであるとの意見を告げて、春嶽の上京を促しており、これに応えるものであった。春嶽は忠房に対し、大久保が到着した同日に、幕府を介して上京の朝命を諸侯に伝えるべきである旨を回答しており、薩摩藩と同論であった。このような経緯もあいまって、春嶽は大久保の意見を快諾して、早くも十月一日には中根雪江らと共に出発した。

しかし、春嶽はその途次に京都から福井に急行していた毛受鹿之助（めんじゅ）と行き会い、驚嘆の面持ちで面談した。毛受は大久保が忠房や晃親王に周旋し、家茂参内の当日（九月二十一日）、朝彦親王や二条関白に征長勅許は不可であることを強請し、関白の参内が夕刻になった事情を述べる。そして、朝彦親王や慶喜家臣の黒川嘉兵衛から、越前藩は薩摩藩と同論であるかを質され、薩摩藩と同心して春嶽が中央政局に乗り込むとの嫌疑をかけられていると報じた。

また、毛受はこのタイミングで上京した場合、越前藩が薩摩藩と結託するものとして、朝幕から嫌疑を受ける可能性を厳しく指摘し、しばらくは藩地で政局を静観することを提言した。春嶽は福井から酒井十之丞・村田巳三郎ら重臣も呼び寄せ、随行重臣も交えて協議した結果、毛受の建言を容れて三日に福井に戻ってしまった。なお、同日、大久保はその動静を知ることなく帰京している。

一方で、吉井は十月二日に宇和島に到着し、六日から三日連続で宗城に謁見し、この間の経緯を説明して上京を強く求めた。しかし、宗城は上京しても無駄であるとし、重ねて上京を拒んだ。宗城の幕府の嫌疑を恐れる頑なな態度を翻すことは叶わず、その上京は実現しなかった。なお、吉井は十八日に帰京している。ところで、宗城は松平春嶽に書簡を発し、薩摩藩は我々同様に容堂に対しても使者を派遣するとし、それを坂本龍馬と明言している。

宗城は吉井からその件を聞いたと思われるが、龍馬を談判のために土佐藩に送り込むという奇策は注目に値しよう。実際には龍馬の派遣は実現しなかったものの、宇和島から土佐に使者を派遣し、上京について談合までしていることから、宗城はその実現性を高くとらえていたことがうかがわれる。この事実からも、龍馬は薩摩藩士として、西郷らの下で引き継ぎ周旋活動をしていたと考えられる。

さて、西郷は九月二十六日に胡蝶丸で大坂を出航し、十月三日に鹿児島に到着、早速久光・茂久父子に謁見して久光の上京を求めた。しかし、通商条約が勅許されて外国艦隊も退帆したこと、また、諸侯召命が朝廷より幕府に沙汰されたものの、幕府からの沙汰が今もってないことが、井上大和の帰藩および大久保書簡から明らかになった。そのため、久光父子の出京を中止し、小松・西郷がその代わりに十五日に海路率兵上京を開始し、長崎を経て二十五日に着京した。この間の大久保を中心とする過激な中央政局での周旋活動によって、薩摩藩は朝幕双方から著しい嫌疑を蒙っていたが、今回の率兵上京によって、さらにその嫌疑は高まり、深刻な緊張関係がもたらされることになった。

このような薩摩藩の動向に対して、一会桑勢力は甚だしく警戒感を強めており、薩摩藩は長州藩と連携している、さらには、外国勢力ともつながりがあるとの疑惑を持たれていた。こうした中で、九月二十九日に京都留守居内田政風が朝廷に対し、兵庫開港の不可を述べ、諸侯を召集してその開否を衆議で決定すべきであり、もし外国艦隊が不法な行為に出た場合は、率先して在京藩兵が撃攘すると建言した。こうした薩摩藩の過激な言動は、朝廷や幕府の嫌疑はもちろんのこと、薩摩藩の思惑を遥かに超えて、外国勢力からも疑惑の目を向けられることになり、大きな難問に発展する。特に英国との関係は、パークス公使からも嫌疑を受けたことから、至急の関係修復が企図され、翌慶応二年（一八六六）六月のパークスの鹿児島訪問に結実した。

家茂の将軍辞意

ここで、家茂が将軍辞職を願い出るという、予期せぬ大事件が勃発する。九月二十四日に将軍家茂から至急の上坂を命じられた慶喜は、二十六日に大坂城に登城して、兵庫開港という幕議決定をご破算にすることを迫った。その上で、慶喜は改めて将軍が上洛して勅許を奏請すること、また、四国代表に十日間の猶予を求めることを提議してそれに決した。そして、若年寄立花種恭らを兵庫に急派し四国側の了解を得た。

しかし、これ以降、朝幕間は意思疎通を欠き、二十九日に朝廷は幕府に阿部正外・松前崇広両老中の官位を剝奪し、藩地において謹慎させ、後命を待つことを命じた。十月一日、幕府は両名に罷免謹慎を命じたものの、朝廷が直接、幕府人事に介入することは前例がなかったため、大坂城中での幕議は大いに動揺を来たし、家茂は前名古屋藩主徳川茂栄（もちはる）を上京させ、将軍辞表および条約勅許・兵庫開港を奏聞した。翌二日、幕府は家茂の軍職を慶喜に譲り、明日大坂を発して伏見を経て帰府する旨を布告した。

この将軍辞意に対し、近衛忠房・正親町三条実愛は東帰を認めるべきであると主張したものの、二条関白・朝彦親王は反対し、結局朝廷は三日に請願を拒否し、二条関白は家茂の東帰を停め、十月四日に自ら参内して事由を奏聞せよと、松平容保を通じて命じた。慶喜・容保・定敬は伏見において家茂を説得、それに応じた家茂は二条城に入った。同日、朝議が開かれ、慶喜らは外交交渉の切迫の情態を弁解し、兵庫先期開港は差し置き、条約勅許をひたすら懇願した。

これに対し、忠房は薩摩藩の主張に沿って諸侯会議を提唱して四国側に期限延長を迫ることを求め、二条関白も勅許は不可であると明言した。しかし、慶喜や小笠原長行は勅許がなければ外国と戦争になり、皇国は焦土となると応対したため、形勢は勅許止む無しに傾きつつあった。そこで、忠房は藤井良節・井上大和を非蔵人口まで招き寄せ、薩摩藩の意向を確認する依頼を行った。

藩要路は条約勅許・兵庫開港を勅許するか否かは、容易ならざる皇国の一大事であり、軽率に決定があっては人心は収まらずに皇威は廃れてしまう。よって、有力諸侯を招集して公論によって決定すべきであると、あくまでも諸侯招集に固執する回答を示した。そして、諸侯の上京までの時間稼ぎとして、外国艦隊へ朝廷から相応の使者を派遣すべきであり、その際には薩摩藩士に随従を申し付けていただければ、死力を尽くして十中八九は成功をするであろうとの見解を開陳した。

条約勅許問題の決着

薩摩藩からの建言を受けて朝議があり、その要請を容れて、鎖港攘夷を断然決行し、皇威の伸張を企図すべきことを奏請していた大原重徳を派遣することに内定し、薩摩藩からは岩下方平・大久保利通を随従させることに決した。しかし、慶喜はこれに猛烈に反対して、勅許が国家の存亡に関わると切言し、その不可なることを武家伝奏に伝え、また、容保は小笠原と共に朝彦親王に談判し、大原派遣を断固として阻止しようとした。

また、慶喜は在京の諸藩士に条約勅許・兵庫開港の可否を諮問することを提案し、それに決した。翌十月五日、会津藩士外島機兵衛・大野英馬・広沢安任、桑名藩士森弥一左衛門、鳥取藩士安達清風、岡山藩士花房義質、肥後藩士神山源左衛門・上田久兵衛、薩摩藩士内田政風、土佐藩士津田斧太郎、久留米藩士久徳与十郎らを召し、二条関白以下、正親町三条実愛・野宮定功・慶喜・容保・定敬・小笠原らが臨席して意見を聴取した。

上田・外島・津田・久徳らは条約勅許・兵庫開港不可に賛成し、花房は反対を表明し、内田は諸侯招集という薩摩藩の持論を展開した。一会桑勢力は、概ね諸藩においても条約勅許に異議がなかったとして、速やかなる勅裁を強く求めるに至った。しかし、その後の朝議においても、なお容易に決定を見なかったため、一会桑勢力および小笠原は外国勢力に勝てるはずもなく、幕府の滅亡のみならず、国家存亡の危機であると迫り、繰り返し速やかなる勅許を断固として求めた。ここに至り、同日夜に入って叡断があり、兵庫開港は不可としたものの条約は勅許となった。安政五年（一八五八）の通商条約調印以来、我が国を未曽有の内乱状態に陥れた条約勅許問題は七年の時間を費やして、ようやく決着に至った。

なお、通商条約は勅許されたものの、兵庫開港は先期開港どころか拒否されたため、幕府はその後の対応に苦慮する事態に至った。幕府はフランス公使ロッシュと計り、兵庫は期日通りに開港し、事情が許せば先期開港すること、兵庫の即時開港不可の代償として、償金は予定通りに支払い、税率改正の協議を開始するとの覚書を外国代表に示して、何とか大坂湾から外国艦隊の退帆を実現した。しかし、兵庫開港問題はこれ以降、国家レベルの懸案事項であり続け、幕府と薩摩藩との関係に楔を打ち込むことになる。

一方で、この間の混乱で老中阿部正外・松前崇広は失脚して幕閣体制は一新され、十月九日、老中格小笠原長行を老中とし、翌十日に将軍家茂は慶喜に政務輔翼を命じて、慶喜の官位の昇進を奏請したため、朝廷は慶喜を従二位権大納言とし、政務輔翼中は御車寄から昇降することを許可し、特に摂海防備を厳重にすることを命じた。さらに、二十二日には備中松山藩主板倉勝静(かつきよ)を老中とし、二十四日、板倉に大将軍進発扈従および進発御用取扱を、小笠原に進発中勝手御用取扱を命じて板倉・小笠原体制を確立し、一会桑勢力と協調しながら長州再征問題にあたった。

朝幕間は家茂の辞表提出後、その撤回はあったものの円滑さを欠いており、特に家茂の参内によって、朝幕関係の盤石さを示す必要があった。十月二十七日に至り、ようやく家茂は一会桑勢力・老中本荘宗秀らを従へて参内し、天顔を拝してこの間の寵命を謝した。これに対し、朝廷は庶政を一新し、武備を充実して外侮を受けないように取り計らうことを命じた。ここに改めて大政委任が確認され、朝幕の融和関係はかろうじて弥縫され、第二次長州征伐へと突き進むことになる。なお、十一月十五日に大老酒井忠績(ただしげ)が、十七日には若年寄酒井忠毗が罷免されており、江戸での幕閣刷新も加速していた。

なおこの間、朝幕間にあって最も効果的だったのが、肥後藩京都留守居役・上田久兵衛による周旋であった。十月十日以降、将軍参内までの間に八回も大坂城に登城するなど、閣老や一会桑勢力から密に相談を持ちかけられ、かつ二条関白や朝彦親王、六条有容にも入説するなど、朝幕融和や長州再征の決定に関わり続けており、上田の政治力は当時別格のものであった。

しかし、上田は余りに朝幕双方の要路から信頼を勝ち取り過ぎてしまい、異例の待遇を受けたことから、藩地熊本ではその偏った政治スタンスに杞憂の念が沸き起こっていた。その結果、十二月九日に上田は藩地への召還命令を受けるに至った。上田の脱落は、朝幕双方にとって計り知れないほどの甚大なダメージをもたらした。

条約勅許という状況に危機感を持った親薩摩藩の廷臣は、久光の上京に期待をかけた。近衛忠房は久光・茂久父子に書簡（十月七日）を発し、条約勅許の事情を報じて、久光の至急の上京を勧説した。一方で、諸侯招集が将軍より諸侯に伝えられるかははっきりしていないとし、幕府の態度を非難した。こうして、諸侯召命問題は長州再征に向けた動向の中で、いつの間にかうやむやになってしまった。本件が蒸し返されるのは、家茂逝去後の次期将軍問題が生じた時であり、約一年後まで先送りとなった。

第七章　桂久武の上京と薩摩藩の動静

第一節　桂の上京目的——江戸藩邸引き上げ問題

慶応元年（一八六五）後半の中央政局は、長州再征をめぐり幕薩関係は抜き差しならぬレベルにまで達しており、幕府は薩摩藩への嫌疑を一層強めて探索網を張りめぐらし、特に長州藩との連携を警戒した。情報の中には、薩摩藩士として活動する坂本龍馬の動向まで含まれており、例えば、小笠原長行・板倉勝静の両老中は肥後藩京都留守居役の上田久兵衛に対し、龍馬を名指しして潜居先などの情報提供を求めた。

一方で、一会桑勢力は薩摩藩の在京要路に度々会談を申し入れるなど、何とか融和を図ろうと試みており、また、閣老は越前藩・松平春嶽に依頼して、薩摩藩を取り込もうとした。しかし、薩摩藩は長州再征を断固として阻止しようとするなど、抗幕姿勢を貫いており、それは通商条約の勅許問題においても同様であった。朝廷（廷臣）への過剰なまでの周旋活動や、越前藩・宇和島藩などの雄藩への働きかけは、幕府の嫌疑を助長することにつながった。

薩摩藩は長州再征後に矛先を薩摩藩に向けるかも知れない幕府から、外交権を取り上げることによって、なし崩し的に廃幕に持ち込もうとの政略を秘していた。しかし、当時の中央政局においては一会桑勢力の勢威は侮りがたく、しかも、それに癒着する朝廷に対する有効な手段を持ち得なかった。ついては、中央政局から撤退し、鹿児島に割拠して富国強兵に邁進する方向性が打ち出されていた。しかしながら、長州再征問題などの重要案件が佳境に至り、中央政局から撤退することはなかなか叶わず、その方針に沿った政治行動は取り難い情勢にあった。

この時期、小松帯刀・西郷隆盛・大久保利通の三要人の中で、主として中央政局に関わったのは西郷であった。慶応元年後半を見た場合、六月末から九月初旬までの約二ヶ月は西郷一人が在京であり、九月中旬以降の長州再征・条約勅許といった難問は概して大坂に滞在し、在京の大久保と連携して抗幕活動を展開した。その後、西郷は島津久光の上京を促すためにいったん鹿児島に戻り、小松と共に率兵上京し、以降は三人態勢で中央政局を切り回した。西郷は第一次長州征伐によって、自他共に認める薩摩藩を代表する人物となり、薩摩藩内でも身分上昇を着々と遂げており、元来、独断専行的な行動を採る傾向を持ち合わせていたが、さらに拍車がかかる可能性があった。

この点について、吉井友実書簡（大久保宛、慶応元年四月三十日）によると、吉井は税所篤と話し合い、西郷は国許に居ることが妥当であろうとの結論に達したと伝える。その事由として、幕府は将軍進発によって是非ともその権威復活を果たすつもりであり、西郷が在京して尽力するとやり過ぎてしまって、いずれ大事を起こすことは明白で、幕府から重大な嫌疑をかけられる。よって、西郷の上京はしばらく見合わせて欲しいと申し送っており、西郷の良き理解者達からも危険視されていることは、極めて示唆に富む。

桂久武

そのような中で、十二月六日、家老桂久武は新たに家老職に就いた岩下方平を始め、吉井・奈良原繁らを伴い鹿児島を出発し、長崎経由で十八日に上京した。その目的であるが、桂書簡（島津求馬・伊集院左中宛、十二月二十六日）の追伸によると、他の在藩家老には伝えていなかったとして、九月の外国艦隊の大坂湾侵入時、久光父子が天機伺いに上京する手筈であったが、退帆が思いのほか早かったため中止となった。そのため、この機会に桂が名代として天機を伺うことになり、本日これから務めを果たすと伝える。当然ながら、天機伺い自体は重要なことであり、桂は上首尾に任務遂行が叶ったため、後日、在京藩士の多数を招いて祝宴を開くなどしている。

とはいえ、他の家老には天機伺いの目的が周知されていないことから、桂の最も重要な上京目的は別に存在していたことになるが、同書簡において、桂は具体的にその内容について次のように述べた。到着して二日後の十二月二十日、桂は久光からの「御趣意」を藩邸にて藩士に伝達したところ、誰からも異存がなく恐れ入って承知した。久光を早く安心させるため、これから概要を伝えるのでお耳に入れて欲しいとして、改めて「御趣意」である「江戸表詰人数御引払ノ一条」の中止命令について言及した。

桂は江戸藩邸人員の引き上げは、計画も徹底しておらず、懸念に及ぶほどのことではなく、過激に見えるものの諸藩の事情を勘案すれば、妥当なものであろうと理解を示した。また、「壮士暴生」、つまり意気盛んで過激な若い下級藩士が江戸藩邸人員の引き上げは良きことと唱えていることは推察でき、念を入れて説諭したので全員が深く恐れ入ったとして、非常に安心したと、「御趣意」が徹底したことへの満足感を表明した。

西郷の強硬説

ここで問題となった江戸藩邸人員の引き上げは、以前から鹿児島では問題視されており、西郷書簡(蓑田伝兵衛宛、十二月六日)によると、本件は「専ら私主張いたし候訳にて御座候」(『西郷』二)と、西郷が主導して進めていることを認めた。その上で、「決して果断抔と申す御扱いにては御座なく、時勢相当の御事、此の御方様より先に立って御始め成られ候様の訳なれば、御懸念の御事も御座あるべく候得共、各藩には後れ候事に御座候」と、決して思切った策でもなく、諸藩では先行して実施しており、薩摩藩はむしろ後手に回っていると主張する。また、天璋院(篤姫)を軽んじた策でないことも強調し、幕府からの嫌疑を恐れて、江戸藩邸人員の引き上げに反対していると不満を漏らし、藩政府への取り成しを依頼した。

西郷は続けて、江戸藩邸では金銭も自由に拝借可能で好き勝手に遊郭で遊べるため、江戸に行きたいといった個人的感情から、嫌疑説を唱える藩士の存在を指摘する。そして、こうした俗論に拘泥すべきではないとし、今や戦闘がないだけの割拠状態にあるとし、冗費を省くべきであるとの持論を展開した。こうした西郷の強硬路線に対し、江戸や京都から鹿児島に不平がもたらされたことは事実であり、九月に一部実施に移されたことに対し、十一月段階の鹿児島において不審を抱かれている。

西郷の独断専行的な行為によって、藩政府からではなく、京都から命令が出ていると認識され、常に西郷を注視していた久光にとっても、忌々しき事態と映ったことは間違いない。こうした国許の動向に対し、桂は西郷の身を案じて、いったん鹿児島に連れ戻そうと考えるに至った。もちろん、久光も中央政局からの撤退を志向しているため、西郷の帰藩に異論はなかった。

桂から「御趣意」、すなわち「江戸藩邸人員の引き上げ」の中止命令を聞き及んだ西郷は、「此の度桂大夫御登京に相成り、厚き思召しを以て御教諭の御事、実に恐れ入る次第に御座候、謹みて遵奉仕るべく候間、御安心成し下さるべく候」(『西郷』二)と、素直に久光の意向に従う姿勢を示した。そもそも、桂は藩邸での説諭の前日、十九日に西郷に鹿児島の状況、「御趣意」の内容やその機微について懇切丁寧に説明し、久光の意向を尊奉するとの確約を西郷から得ていた。西郷は、厳罰もあり得る自分が置かれている危うい状況を理解し、桂の助言に従い帰藩をこの段階で決意したことがうかがわれる。なお、西郷は桂から藩邸内対立問題も指摘されているが、この点は後述したい。

ところで、家近良樹氏は「久光は在京藩士が幕府を度外視し、過激な言動に出ることをなによりも懸念（「御深慮」）し、それを阻止すべく教諭し、かつ自分の考えに従うことを強く求めた」（『西郷隆盛と幕末維新の政局』）ことが「御趣意」とするが、そもそも紹介してきた桂書簡（十二月六日）からは、そこまでの事実を読み取ることはできず、筆者が解釈する本来の文意と齟齬を来す。大久保書簡（新納立夫宛書翰）においても、「其元引取一条も、余京師之論過激也と、少々御趣意ニ触候訳も有之」（『鹿児島県史料（大久保利通史料）』一）と、江戸藩邸人員の引き上げについては、余りにも京都藩邸が過激であるとされており、この「御趣意」は江戸藩邸人員の引き上げの中止命令であることは疑いない。

また、家近氏は「十月段階でも、久光は「軽挙無謀」を戒める教諭告を在京藩士に対して出していた」（『西郷隆盛と幕末維新の政局』）とされるが、根拠となった慶応元年十月二十日とされる市来六左衛門の伊地知壮之丞宛書簡（『玉里』四）は、実は慶応三年のものであり、史料編纂時のミスによって分類されたものである。

ところで家近氏は、西郷には武力討幕の意思があった可能性を指摘し、伊達宗城書簡

(島津久光宛、十二月十七日『玉里』四)の以下の部分を紹介する。

先日ハ不図吉井(友実)参候得共、救時之大策、僕着眼無之、貴国両賢公御所置敬承之末と申置候、近日頗暴論ニ西郷 怒罵 化之由、尤被為於両明公、御依然持重ト心得候、尚御容子密示被下度存上候

これによると、宗城は久光に対し、十月二日の吉井友実の急な来訪について、今の時勢に対応できるような大策など着眼できるはずもなく、両賢公(久光・茂久父子)の対応を承った後としたいと、申し置いたことを伝えた上で、最近は西郷が幕府の「暴論」に対して極めて怒り罵っていると注意を喚起する。しかし、父子は依然として西郷とは相違し、自重していると心得ているが、内情を漏らして欲しいと懇請した。

この「暴論」について、家近氏は西郷が「挙兵路線に舵をとった」と解釈され、宮地正人氏も「この西郷を中核とする薩摩藩論の急激な変化は、宇和島の伊達宗城によってもかぎつけられていた」(『歴史のなかの『夜明け前』』)と同様な評価をしているが、この段階で西郷が倒幕に舵を切ることはあり得ない。長州再征は実施されず、幕府は自然に瓦解する

との見通しを持っており、そもそも、西郷が久光の了解なくしてこのような過激な策謀を進めるはずがない。長州再征を強行しようとする幕府の「暴論」について、西郷は怒り心頭であり、最近幕府を見限るような過激な言動が目につくが、久光父子はそのような言説ではないと心得ていると読み取るのが妥当であろう。

宗城書簡の検証

ところで、本書簡を所蔵する鹿児島県歴史資料センター黎明館の市村哲二学芸員は、同館『調査研究報告第29集』（二〇一七年三月）の中で、書簡の怒罵の部分を「始変」の誤読である可能性を指摘する。その場合、西郷自身が「暴論」に変わり始めていると解釈することが妥当である。しかし、家近氏らが指摘するような武力討幕の意思が西郷にあった可能性まで想定することはいかがであろうか。そもそも、宗城は西郷の動向をどの程度まで把握しており、どの発言をして「暴論」と断じたのであろうか。

宗城は長州再征について、久光宛書簡（慶応元年三月、『玉里』四）において、第一次長州征伐における総督慶勝の対応を「姑息之処置」と決めつけ、それによって「暴徒再度跋扈気之毒千万」な状況であり、今こそ「四境進撃」の沙汰をすべきであると訴えた。宗城が久光の意向に反して、長州再征に積極的であることがうかがえる。これに関連し、宇和島藩の幕末史料「藍山公記」の大坂探索方および藩邸からの「見聞録」（慶応元年九月五日発）には、薩摩藩大坂留守居役が長州再征の反対意見を老中に伝えた内容が載っている。しかも、西郷が当時、宇和島藩周旋方を務めていた薩摩藩浪士中井弘に対し、宇和島藩に伝えて欲しいと依頼した内容であることも確認できる。

さらに、「見聞録」によると、中井弘からの情報として、以下を報告した。京都の非常守衛のため、薩摩藩士六七百人が在京していたところ、西郷などの存念によって朝幕を見捨て、在京藩士の引き上げが始まった。一方で、監察を務める海江田信義は、会津藩とも親交があり幕府信奉論者で、朝幕を見捨て鹿児島に割拠することに反対したため、少人数は残ることになり、現在は精鋭の兵士が百人ほど在京している。また、朝彦親王邸に詰めている薩摩藩士も引き上げを申し出たところ、宮は決して承知せず、高崎正風には短刀を拝領させ、さらに扶持米の加増までしている。

加えて、西郷や藤井良節などの「壮年」藩士は、八月十八日政変前の「攘夷之激論」を盛んに唱えており、長州藩と同論で、第一次長州征伐において西郷が戦争に及ばず陣払いをした主意は、長州藩激徒を保護するためであった。そして、在京藩士で西郷に同調していないのは、海江田と高崎両人のみと記載する。明らかに、宇和島藩は西郷を暴論の徒と見なし、危険視していることが理解できるが、宗城の発言には、西郷が倒幕に向かっているとまでの懸念はないと考える。また、中井自身も壮年激徒であるため、西郷の伝言の趣意を取り違えてはいないとしながらも、誇張した部分もあるかも知れないと一定の留保をしつつ、正確な情報は高崎に対面の上、確認すると「見聞録」は伝える。

以上から、宗城が西郷の言動の変化を知り得たのは、西郷側近の桐野利秋・永山弥一郎らと行動を共にしていた中井からであり、仮に西郷の発言内容が事実だとした場合、西郷の内輪の論としての過激な言説を、そのまま伝えた可能性が高い。その内容も、長州再征を肯定する宗城には許容できないものであった。ましてや、実際に西郷が「攘夷之激論」を発しているとは考え難いものの、西郷が即時攘夷の徒と化していると聞き及び、宗城は看過できない「暴論」に感じたため、久光に注進したのであろう。

なお、西郷自身が「暴論」を述べていると解釈する史料として、しばしば引用されるものが宮地正人氏によって紹介された池村邦則書簡（市岡殷政・間秀矩他宛、十二月二十六日、『歴史のなかの『夜明け前』』）である。後述する分析の通り、留保すべき黒田の言説であるため、これをもって西郷の、ましてや薩摩藩の最高意思と判断することはできない。

以上の通り、この時期に西郷が倒幕路線を取るなど、本気で過激な志向は待ち合わせていたとは言えず、久光もそこに疑いを持つことはなかったのではないか。さらに、西郷が過激な攘夷家に変貌するなど、久光には論外なことであり、宗城の西郷が過激な即時攘夷家に変貌したとの忠告も、間違いであることは容易に察しがついた。

つまり、久光がこうしたことで西郷を説諭することは無理があろう。西郷は江戸藩邸人員の引き上げ問題では独断専行して、久光の怒りを買ったものの、公の場で藩是を逸脱した過激な言動は見られない。西郷は、国元では常に危険視されていたことは間違いないものの、桂久武の上京目的は西郷の過激な言動を警戒した久光の命令や、ましてや宗城の忠告によるものではなかった。

第二節　幕府の薩摩藩対応と京都藩邸内の対立

慶応元年十二月頃の中央政局は、長州再征を巡る幕府と薩摩藩の対立は小康状態となっており、薩摩藩は周旋活動を控えて状況を傍観する態度を示していた。桂久武書簡（島津求馬・伊集院左中宛、十二月二十六日）によると、兵力の削減については、日々状況が目まぐるしく変わって全く予想もつかない。そのため、現在は藩邸に引きこもっているが、諸藩はこうした薩摩藩の動向をうかがい、帰趨（きすう）を決める様子であると述べる。また、長州征伐は幕府の意向通りに進んでいない状況にあり、幕閣は一会桑勢力に不信感を抱き、慶喜を陥れるために、混乱が起きるのではないかとの見通しを示した。加えて、薩摩藩領日向都城の町家出身の旗本、柴田東五郎による周旋についても言及する。

現状打開を目指した、閣老・一会桑勢力による薩摩藩への接近工作は、越前藩を通じての工作を軸に実行されていたが、慶喜による小松帯刀の召命に加え、会津藩も頻りに小松との面会を画策した。そして、小松が応じた際には会津藩関係者は至極歓喜し、合掌して謝辞を述べる有様であった。しかし奸計ではなく、幕府はもちろん一会桑勢力も策がなく、ただただ薩摩藩の尽力に期待しているようであると、幕府勢力の無能さを見下している。

桂は続けて、久光・茂久父子が上京となれば、三代将軍家光以前の旧制に復し、大坂川口まで出迎え、幕府の信義を尽すことが決定したらしいと伝え、破格の扱いの可能性まで示唆しており、幕府の薩摩藩への依頼、およびその背景にある警戒心をうかがうことができる。また、薩摩藩に依頼する小藩も多いとし、兵力の削減については、今しばらく見合わせたいというのが在京藩士の総意であることを明言した。

ところで、桂も言及した柴田東五郎を介した周旋について、当時の幕府・慶喜・薩摩藩の関係性を明らかにするため、確認しておこう。柴田から黒田清綱または内田政風と天下国家のため、一大事を相談したいと申し入れがあったため、黒田が下坂して十二月六・七日の両日、会見が行われた。柴田は以前の幕閣は色々と浮説を信じ、薩摩藩を疑っていたが、今の板倉勝静・小笠原長行（唐津藩主長昌の世子）の両老中は薩摩藩に疑念はなく、その意向に沿いたいとの唐津藩家老・多賀長兵衛の意向を伝えた。

そもそも、将軍進発は一会桑勢力より執拗に要請された結果であり、朝廷・諸藩の意見も踏まえた上で、もとより将軍も寛典処分を望んでおり、長州再征には否定的であったが、一橋・会津がひたすら議論を誘導したとする。一会桑勢力は今回こそ、長州藩を攻めて滅亡させなければ、幕威はますます衰えて天下への号令もこれ限りとなり、滅亡の一途をたどると声高に主張し、遂に勅諚までも獲得して将軍を窮地に追い込んだ。そして、慶喜は天下の怨嗟を免れて、己一人が栄誉を恣にする魂胆であるとし、長州再征は一会桑勢力が仕組んだものと厳しく非難した。

こうした姦計によって、幕臣が慶喜を憎むことは極めて甚だしく、また、板倉・小笠原も表向きは慶喜と意見を合わせているように見えるが、それは勢いそうなっているに過ぎないと、両閣老の慶喜の勢威に推される苦しい現状を吐露した。そして、長州征伐は内々には既に和解の意思疎通ができており、穏便に事が済むであろうと驚くべき楽観論を述べ、慶喜については、水戸藩主に擁立するとし、万が一拒んだ場合は、慶喜に危害が及ぶことを示唆した。

柴田は続けて、薩摩藩についてはこれまでも慶喜に利する周旋をしており、慶喜を引き続き擁護するのではないかと懸念している。一体薩摩藩は、長州藩問題はもちろんのこと、その他にもどれほどの異変が足元に及んでも、あえて傍観を決め込み、どちらにも荷担しない国論であるのかと、昨今の薩摩藩の中立的な姿勢を詰（なじ）った。こうした柴田の発言を踏まえ、黒田は慶喜と幕府本体には大きな軋轢が生じ、戦端を開きかねない状態であり、薩摩藩を味方につけようとした魂胆であると西郷に報告した。

これを受け、西郷は柴田の周旋について、実に馬鹿げたことだと非難し、すべてを慶喜の責任に転嫁していると断じる。公然と義を唱えて慶喜を討つようなことはせず、自分たちの怨みを摩り替えて、薩摩藩に怒りを起こさせ代わりに対処させようとする魂胆であると黒田に伝えた。また西郷は、長州再征は慶喜一個の策略であると幕府は見なしており、慶喜に責任を押し付けて、長州征伐を打ち切るかも知れないと推断する。西郷は、薩摩藩は動じることなく、柴田の周旋、幕府の策略をことごとく退けるとの意向を示した。なお、本件はその後、黒田と多賀長兵衛との間で交渉を持つことになったが、長州藩処分の最終決定の大詰め段階を迎えて進展しなかった。

ところで、江戸藩邸人員の引き上げ問題において、西郷はその独断専行的な手法で久光の怒りを買い、藩政府からも嫌疑を受けており、桂としてはそんな西郷をできるだけ早く帰藩させようと企図した。その背景として、京都藩邸内における西郷に対する支持者と反対者の対立の存在が噂されていた。桂は十二月二十日に久光からの「御趣意」である江戸藩邸人員の引き上げを藩邸にて藩士に伝達したが、その前日の十九日、西郷と個別に会って国許の事情および久光の「御趣意」を丁寧に申し伝えた。すると西郷は、よくよく合点がいった様子で誠に幸せであると日記に記しており、その従順な態度に安堵している。

この時、西郷は桂から江戸藩邸人員の引き上げ問題で説諭されたが、併せて、京都藩邸における対立問題を桂から指摘されていた。西郷にとってはまさに寝耳に水であり、遺憾で承服し難い指摘であった。西郷は蓑田伝兵衛に書簡（十二月二十六日）を発し、藩邸内の対立の話を聞き及び、実に驚いたと伝えると共に、このことは、桂から詳しい報告があるとして、西郷自身は弁解をしない態度を示した。

こうした経緯は、側役の蓑田を通じて久光に伝わるため、西郷も自己弁護をあえて控えたのであろうが、桂による助言も見逃せない。この蓑田宛の書簡が発せられる前日の二十五日、桂は西郷に穏便な内容の書簡を認めるように勧めている。西郷はそれに従い、久光からの江戸藩邸人員の引き上げの中止命令を全面的に尊奉し、京都藩邸における対立問題については、否定はしたものの、個人的な弁解には及んでいない。

薩摩京都藩邸における対立の実態

さて、京都藩邸における対立とは、具体的にいかなるものであろうか。江戸藩邸人員の引き上げ問題に関する、西郷支持者と反対者の対立であることは間違いない。西郷は自分の政略に自信を深めており、正義と信じた方針には例え相手が留守役であろうと、意に介せず自身のやり方を貫く傾向にあった。西郷自身は自覚がない中で、身分不相応なレベルまで様々な問題に関わっており、その秩序を無視しがちな態度を、問題視する上役の存在が指摘でき、西郷と彼らの意思疎通の悪さがうかがえる。

一例を挙げると、十二月八日に前年の禁門の変に関し、幕府から功賞として、五千両を薩摩藩士に下賜するとの沙汰があった際、西郷はこのような策謀を用いる幕府を批判すると共に、それを承服すべきでないとの持論を黒田清綱に対して展開した。そして、この事態にあたり、西郷は、黒田に留守居役（内田政風）に対する助言と斡旋を依頼している。この事実から、直接留守居役に意見することが叶わない、あるいはしても無駄であるとの西郷の認識が透けて見え、両者間の対立がうかがわれる。

また、前述の通り、西郷は江戸藩邸では金銭も自由に拝借可能で、好き勝手に遊郭で遊べるため、江戸に行きたいといった個人的感情から、西郷を陥れようとして、嫌疑説を唱える同僚藩士の存在も指摘したため、恨みを買っている可能性がある。加えて、西郷を慕ってその周辺に集まり、西郷の威を借りて傍若無人な振る舞いが目立つ若年藩士に対して嫌悪感を抱き、彼らを必ずしも制御しない西郷に対する不満を持った同僚以上の藩士もいたであろう。以上から、藩邸内に西郷を国許に讒訴する、反西郷グループが存在したとしても不思議ではない。しかし、西郷には必ずしも藩邸が二手に分断されているとの認識はなく、また、反対派を取るに足らない存在と軽視していた。

一方で、西郷は小松と対立していたとする見方も存在する。岩下書簡（桂宛、慶応二年正月七日）によると、桂が西郷同伴で帰藩する際には、小松を是非同行して欲しいと訴え、両者間を分け隔てしては疑惑を生じるとする。そして、派閥を形成して流言などを使い、抗争を始めることは必定で油断ならず、始めは微細なことでもついには取り返しが成らないレベルにまで至ってしまうとして、繰り返し小松・西郷の確執が起こらないようにすることを懇請した。また、二月八日書簡でも、岩下は小松・西郷は薩摩藩の大黒柱なので、決して少しの確執も生じないようにすることが第一であり、そのようなことにならないように、注意して欲しいと、くどいほど桂に注意を喚起した。

そもそも、江戸藩邸人員の引き上げ問題に端を発する京都藩邸における対立は、小松が不在の中で生じた騒動であり、また、小松・西郷が同時に上京した以降も、両者間の対立の存在は確認できない。反西郷グループは、内田程度では西郷に対抗できないと判断し、小松を担ぐことによって対抗しようとしたのではないか。その雰囲気を察した岩下は、薩摩藩の帰趨を担う小松・西郷の連係関係を、何としても維持しようと考え、桂に対してこのような書簡を発したと考えたい。

第八章　坂本龍馬・黒田清隆の派遣

第一節　坂本龍馬の二回の長州藩派遣

慶応元年（一八六五）九月、長州征伐の勅許阻止に失敗した在京薩摩藩要路であったが、あくまでも諸侯招集の実現に期待をかけていた。西郷隆盛・大久保利通・吉井友実らは西国雄藩の諸侯を京都に参集させ、これによって長州再征を阻止し、併せて通商条約の勅許問題の解決を図ることを取り決めた。さしあたって、島津久光・松平春嶽・伊達宗城の上京を促すことにし、九月二十四日、大久保は福井、西郷は鹿児島、吉井は宇和島に手分けして出発した。当然ここに山内容堂が入ってしかるべきであるが、容堂の招請は見送られた。

宗城書簡（春嶽宛、十月十四日、『續再夢紀事』四）によると、「狼兄（山内容堂）方へも坂下龍馬馳下事情陳論可致と存候間、此頃為談合家来遺置候、迚も一両輩出候而も建議おし抜居候程如何と存候」と、薩摩藩は我々同様に容堂に対しても使者を派遣するとし、それを龍馬と明言している。つまり、前にも述べたが、龍馬は土佐藩への使者として、一時的に候補になった可能性があるものの、長州藩への使者となる。これは、龍馬が然るべき使者と見なされなかったこともあろうが、長州藩への派遣が喫緊の課題となったため、見送られたと考える。その目的は率兵上京に関わる粮米借用にあったが、同時に、薩摩藩の再征勅許の阻止に奔走する動向をあえて示すことによって、長州宗藩へのさらなる接近を企図した点にあろう。

龍馬、一度目の長州派遣

西郷は龍馬を伴って大坂を出発し、九月二十九日に上関に到着、そこで西郷と別れた龍馬は十月三日に三田尻に到着し、そこで楫取素彦と五月の太宰府での面談以来、二度目の邂逅を果たした。龍馬は中央政局の政情を詳しく語り、西郷からの粮米借用という依頼内容を伝えたため、楫取は芸州藩に赴く予定を取り止め、山口に龍馬を同行して帰り、藩政府に報告すると同時に広沢真臣・松原音三に龍馬を引き合わせた。この間の藩政府の対応について、直目付柏村数馬の日記（十月四日条）には、御用所役・手元役兼務の山田宇右衛門から、楫取が昨晩山口に戻って語った話を伝聞したことが記されている。

その内容は、長州再征の勅諚が下されてしまったが、これに対して、薩摩藩はよほど尽力したものの、差し止めることができなかった。よって、この上は薩摩藩の兵力を背景にして、争ってでも幕府を諫めるために、西郷が海路帰藩した上で率兵して再度上京することになった。その際に、下関において粮米を借用できるように談判するため、薩摩藩より龍馬が派遣されて来ており、楫取は龍馬を伴い山口に戻った。そして、楫取は山田に十分な対応を求めたことを聞き及んだ。よって、柏村は直ちに直目付の林良輔に伝え、さらにその足で世子広封の許に赴き、その情報をもたらした。

本情報に対し、藩政府は極めて敏速な対応を示した。山田らは下関在の木戸孝允に書簡を発し、龍馬の来訪を告げ、粮米手配について北條瀬兵衛とも相談の上、至急確実に実行するように依頼した。さらに追伸として、北條不在時の進め方まで示唆しており、その用意周到さには驚きを禁じ得ない。そもそも、広沢ら藩要路が龍馬から直接話を聞く前に、既に楫取からの伝聞のみで粮米提供を決定しており、広沢は龍馬との対面時に早くも承諾の旨、伝えている。広沢は木戸に対し、この決定について、他藩の助けがあろうとなかろうと、決戦の覚悟は不動である。しかし、実際に皇国内乱の際、朝廷のために尽力する列藩は薩摩藩を始め岡山・芸州藩等であり、これらの藩とはなるべく結びつきを持っておきたいと事由を申し送った。

龍馬からの情報にここまで迅速に対応した背景として、龍馬がもたらした大久保書簡(九月二十三日、西郷宛、『大久保利通文書』一)写しの存在が重要である。ここには、大久保による長州再征勅許に対する、断固反対の周旋状況が記されているが、特に重要なのが、「非義之勅命ニ而、朝廷之大事ヲ思列藩一人も奉し候ハす、至当之筋を得天下万人御尤と奉存候而こそ勅命ト可申候得は、非義勅命ハ勅命ニ有らす候故、不可奉所以ニ御坐候」の部分である。天下万民が至当と判断しない勅許は非義の勅命であって、諸藩は奉じないとまで切言しており、長州藩内においてもこの大久保書簡写しによって、「非義勅命」という文言があっという間に喧伝された様子がうかがえる。

例えば、龍馬を同道した楫取は木戸に対し、幕府は虚勢を張り朝廷は微力であり、誠に嘆かわしい限りであると、再征を認めた非義の勅命の無効を訴える。そして、非義の勅命は朝廷が徳を失ったことを世間に暴露することになり、天皇の威光にも疵が付くとし、国家のために薩摩藩の尽力を大いに期待すると伝えた。また、当時藩内に居た但馬国養父郡（天領）の志士・北垣国道は、木戸が唱える割拠論しか術がなく、また非義の勅命では列藩が奉勅することなどあり得ず、幕府は愚策を増やし続けていると批判した。なお北垣は、勅命は朝に下り夕には変わることが皇国の習いであるとし、勅命そのものを有名無実なものと評している。

さらに十月八日、広沢は岩国領の山田右門を政事堂に招き、薩摩藩士龍馬が西郷と上関まで同行し、直ぐに三田尻まで来たため、そこで対応して別紙（大久保書簡写し）を受け取り山口に戻った（実際には、山口で受領）。極秘の内容なため、その他末家には披露しないが、岩国にはこの間一方ならぬ周旋をいただき特別であるとして、大久保書簡写しを岩国にもたらすよう渡している。

このように、龍馬がもたらした長州再征の勅許の情報は、瞬く間に長州藩内に拡散して、より一層の警戒感を煽り、武備充実への決意を掻き立てた。同時に、「非義勅命」を批判する大久保書簡写しによって、薩摩藩の周旋事情が判明したため、薩摩藩への信義の回復と周旋尽力への依頼が飛躍的に高まった。こうした機運は、薩長融和へ向けたさらなる一歩として位置付けられよう。

なお、粮米手配のその後の履行状況については、分からない点が多いものの、井上馨は長崎在番の薩摩藩士・伊地知壮之丞から千二百石の要望があることを木戸に伝えている。また、慶応二年（一八六六）三月二十五日の北条瀬兵衛書簡（木戸宛）によると、下関および周辺地域からも手配が難しく、何とか吉田で五百石を手配したのでこれで勘弁して欲しいと懇願している。長州藩は不作にもかかわらず、なんとか薩摩藩の期待に沿えるよう、ぎりぎりの努力をしている様子がうかがえる。

さて、九月二十一日に長州再征の勅許を獲得した幕府であるが、ようやく十一月六日に至って、藩主毛利敬親・広封父子の伏罪に関して尋問するため、大目付永井尚志、目付戸川忠愛・松野孫八郎は大坂を発し、十六日に広島に到着した。永井らは、十一月二十日に国泰寺において、長州藩使者・宍戸璣（たまき）を尋問し、翌二十一日に尋問書を下付して答申を求めた。二十四日に至り、宍戸は答弁書を提出して藩状を陳情すると共に、再征の方針を非難して、藩を挙げて断固として屈しないとする姿勢を示した。

また、十一月晦日には長州藩使者・木梨彦右衛門および諸隊の代表である河瀬安四郎・井原小七郎・野村靖を国泰寺で同様に審問した。尋問内容は、藩主が萩でなく山口に滞在していること、山口城を修理したこと、武器を外国商人から購入したこと、大坂まで使者を派遣しなかったことなど多岐にわたったものの、極めて穏便なやり取りに終始していた。永井は最初からその方針であったが、その後、一会桑勢力との齟齬を生じる要因となった。

十二月十一日に至り、永井は審問の終了を告げて、宍戸・木梨らに帰藩を命じた。宍戸・木梨は引き続き広島に滞在し、幕府の裁決を仰ぐことを許可され、河瀬ら諸隊代表は帰藩した。そして、十六日に永井らは広島を出発し、翌十七日には大坂に帰着、十八日に大坂城に登城して糺問の顚末を復命した。こうした中で、龍馬の二回目の長州藩派遣がなされた。

龍馬、二度目の長州派遣

龍馬は十一月二十四日に大坂を出発、二十六日には上関に上陸し、下関に着いたのは十二月三日であった。その目的は、永井らの動向に関する情報収集および尋問を受けた長州藩の状況探索にあった。龍馬は一緒に大坂を発った岩下方平・吉井友実と、十二月十三日頃に上関で再会し、そのまま上京するつもりであった。

「桂久武日記」（十二月十三日条）によると、上関に午後十時頃に到着、ここで龍馬と会う約束があったので、中津権右衛門・木藤市助を上陸させたが、龍馬は近々にこのあたりにやって来るつもりで、人馬の手当もしていたが、いまだ状況は摑めていない。下関に木戸が滞在しているため、そのあたりまで出向いているかも知れないが、詳細は分からないま ま、中津らはむなしく帰船したとの記載が見られる。龍馬が不在で、永井らの動向や尋問を受けた長州藩の状況が分からなかったため、桂は翌十四日に上関在番の役人に尋ねたが、はっきりとした回答は得られず、藩内の臨戦態勢の雰囲気のみが分かった程度であった。

一方で龍馬は、下関でユニオン号事件に巻き込まれて桂らとの合流は叶わなかった。そのため、岩下・吉井宛に書簡を発し、龍馬自身は上関に戻れないので代理を探したところ、最近入港した薩摩船には知人が乗っておらず、幸い黒田清隆が滞在中であったので依頼した。しかし、下関をまだ離れられないとのことで、了解して欲しいと申し送り、黒田と共に上坂するつもりであると告げた。そして、探索した事情については、永井は藩政府と諸隊の離間策を採っており、いずれかに加担して長州藩を制圧する目論見であるとの認識を示し、同行した近藤勇ら新選組の動向まで伝えた。

その上で、長州藩は上下一致して兵威も盛んであり、やはり、長州藩との連携を第一にすべきであるとし、詳細は上京後に話すと結んだ。龍馬は薩摩藩士として、長州藩およびそれに付随する情報を薩摩藩要路に伝える重要な役割を継続して果たしており、長州藩にとっても、薩摩藩を頼る状況下では、極めて貴重なパイプ役であった。薩長間の連携は、間違いなく龍馬を核にして推進されていた。

第二節　黒田清隆の派遣の実相

黒田清隆の長州藩への派遣（慶応元年十二月）については、これまでは主として西郷隆盛の指示により、薩長同盟の締結のため、木戸孝允を京都に連れてくることが目的とされてきた。薩長同盟に向け、事実上の画期となった黒田派遣について、そこに至る経緯については、派遣の沙汰書を始めとして、それに言及した書簡・日記等といった一次史料は管見の限り見当たらず、実際には明らかになっていない。筆者は黒田派遣について、薩摩藩の藩論として、または西郷の個人的指示によって実行されたとする通説には大いに疑問を感じている。まずは、黒田派遣が通説のような理解で問題がないのか、この点について見ていこう。

そもそも、薩長同盟締結といった外交上の最も重要な事象について、その交渉をスター

黒田清隆

トさせる権限は久光・茂久父子にあり、それ以外では、せいぜい名代である筆頭家老の小松帯刀に限定される。とても、西郷のみの裁量で実行することは不可能であり、少なくとも、小松ないしは譲っても在京家老の了承が必要であった。小松らにしても、これだけの重要事象であれば、久光の意向を確認してから、行動を起こすと考えるのが妥当であろう。

当時の中央政局では、抗幕姿勢を鮮明にする薩摩藩は、幕府から何かにつけて極めて大きな嫌疑をかけられていた。一方では、閣老や一会桑勢力が盛んに薩摩藩を取り込もうと、必死にアプローチを始めており、嫌疑を受けながらも、薩摩藩への依頼が相当なレベルに達していた。こうした状況の中で、久光に対し、黒田派遣の意向が京都から打診された形跡はない。一方で、藩として富国強兵を図り、鹿児島に割拠することを優先するこの時点で、久光が積極的に長州藩に対する、何らかの連携打診を命じることは考え難い。つまり、正規の藩ルートに則った黒田派遣の可能性は、極めて低いと認識せざるを得ない。

次に西郷の事情であるが、小松と共に率兵上京を果たしたのが十月二十五日であることから、西郷から黒田への指令があったとすると、それ以降で十一月中旬頃までとなる。西郷自身もこの間の政情を分析して、黒田派遣の直前である蓑田新平宛書簡（十一月十一日）の中で、長州再征の実行を強く疑問視し、幕府は自然と向こうから倒れるとする。そして、西郷は泰然自若として大義名分を明らかにし、慎重に構えることを宣言していることは注目に値する。

さらに、黒田上京の直前の蓑田伝兵衛宛書簡（慶応二年一月五日）の中で、前年十一月に長州藩の罪状を質すため、広島に派遣された糾問使は全く愚弄された体であり、幕威がかえって一段と落ちたとする。幕府の見込通りに、長州藩の処分は何もできておらず、諸藩も静観の態度を強め、失望の姿であると幕府を突き放した。この時期の西郷に、武力発動を伴う抗幕体制を企図する志向は確認できず、薩長同盟締結のために、黒田派遣を画策する必要性を感じているとは思えない。

加えて、西郷は久光の監視の目を意識せざるを得ず、そのような西郷が自分の立場を危うくしかねない黒田派遣を、しかも当時在京の小松を差置いて、独断で指示することもあり得ない。つまり、黒田派遣は正式な藩命も西郷の指示も存在しなかったと考えざるを得ない。そもそも、木戸到着後の会談で、西郷が藩命や自身の黒田への指示に則って、応対したような姿には到底思えない。ここに、黒田による独断専行による長州藩入りという可能性が俄然高まったと言えよう。黒田が木戸を伴って上京した際に、脱藩の罪に問われなかったことから、黒田出奔後、西郷の尽力で長州藩探索といった任務が後付けされたのではなかろうか。

ところで、黒田が木戸一行を従えて大坂に到着したのが一月七日である。この間、黒田の動向について触れた薩摩藩側の史料は、管見の限り皆無である。黒田が薩長同盟締結という藩命を負っていた場合、ここまで言及がないことは、あり得ないのではなかろうか。また、西郷の指示であった場合、この間の西郷書簡において、全く黒田の動向に関心が向けられていないことは甚だ疑問である。西郷は親しい桂久武の上京時にも、黒田派遣には一切触れておらず、この点も不自然である。

次に、黒田到着時の状況について、大坂留守居役・木場伝内書簡（吉井友実・内田政風宛、包封に「西郷隆盛殿　大久保利通殿」とあり）によると、黒田一行の到着を在京要路に知らせると共に、宿泊先をめぐって混乱している状況がうかがえる。また、船の手配も急にはできないとしており、さらに京都での居所も決まっていなかった。黒田から前もって連絡があったとするが、この混乱ぶりから直前の連絡と判断せざるを得ず、黒田の帰坂時期や木戸を同行するといったことを、予め想定していたとはとても思えない。大坂留守居役ですら、この程度の認識であり、黒田の動向を全く把握できていない。

また、黒田清綱は七日に二通の書簡を大坂藩邸から西郷に発しているが、一通目は前述の柴田東五郎や閣老の動向についてであり、二通目はその後、夜に認められているが、「今夕黒田了介帰坂、桂（木戸孝允）同伴いたし来たり候に付き、早速私にも見廻いいたし置き申し候、勿論明早朝乗船、上京の筈に御座候」（『西郷』五）と記されている。つまり、黒田の帰坂を知ったのはまさに到着時であり、木戸の同伴を含め、予期せぬ出来事であったことが分かる。このことから、木場への連絡も大坂に着岸してからであったことがうかがえる。

さらに、黒田清綱は「此の節は彼の方において、桂出国の儀大いに議論起こり候由に御座候所、黒田頻りに尽力列れ来たり候由、尤も偏に貴兄の御諭論に伏し、奮然衆議を破り出掛け候由」と、藩命には全く触れず、木戸の上京の決め手は西郷の内意であったとしている。また、黒田清隆自身も西郷に対し、「実に先生而巳偏に相慕われ、此の節上国相成り申し候」としており、黒田が背負ったはずの藩命や西郷の命令について言及がなされておらず、木戸が一方的に西郷を慕い頼ったとも解釈可能な言い回しである。こうした黒田到着時の様々な実相は、黒田の独断専行による長州藩入りの証左の一つであろう。

なお、黒田は京都での薩長会談の終了後、木戸と共に大坂を発して、二月三日に山口に到着した。七日に至り、岩国藩士山田右門から近頃は薩摩藩と長州宗藩が親睦を深めているので、最早、岩国による両者の仲介は不要であるが、何か宗藩の役に立つことがあるか、または、薩摩藩に都合が良いことがあるかを尋ねられた。しかし、黒田はこの程度のことすら要領を得ず、吉井からの伝言として、薩摩藩邸への潜入を了解する旨を伝え、宗藩には言い難いこともあるので、藩士を派遣して欲しいとのみ述べている。このレベルの回答しかできない態度を見ても、黒田がこの間の薩長交渉を熟知し、かつ藩命によって一貫性を持って行動していたとは思えない。

黒田の行動の動機

では、黒田はなぜそのような行動に出たのであろうか。黒田本人が語ったものとして、前述の通り、しばしば引用されるものが、宮地正人氏によって紹介された以下の池村邦則書簡（十二月二十六日付）である。ここには、黒田から直に聞き出した、木戸を京都に招請した事由が語られている。

さつ国の一人、さいこふ（西郷）某と申人、先頃より上京、右さいこふより内意を請、此頃馬関へ被参滞留の由、黒田氏被申候ニハ、当時の折柄、水を脱し国事ニ尽力被成候段、赤心見届候間、不包打明し可申、右さいこふよりの内意と申ハ、長と心を一ッにして、さつ皇師ニ起り、会一橋を踏つふすへし、本国寺ハ定て橋ニ付へし、左候ハ、是も同様、それを機会として、防長ニヶ国より起り、其頃迄麦滞在なれハ、是も乗取手筈、高杉・桂（木戸）両人のみ深事を計り被居候、近々桂氏ハ弊藩の舟ニ乗、内々上京、其上万事策略ヲほとこし候間（略）万一右策はつれ候節は、日枝（比叡山）へ御――座を奉写、其所ニて屯――と申事、倭武士の清き心、春花とともに開可申事、楽悦致居候（波線は筆者）

これによると、西郷の内意は薩長融和を前提に、薩摩藩が京都で挙兵して一会桑勢力を倒し、水戸藩の本国寺党が慶喜に加担すればこれも倒すことを契機として、長州藩も挙兵し、この時点で将軍が大坂に滞在している場合は、これも倒してしまう手筈である。このことを黒田から高杉晋作・木戸の両名のみに打ち明け、近々に木戸は薩摩藩船で内々に上京して西郷と万事策略を相談する予定である。また、万が一にもこの挙兵計画が失敗した場合は、孝明天皇に比叡山まで動座いただくとしており、来春には薩長両藩による変事が起こりうるであろうと推察している。まさに、薩長両藩による挙兵によって、上方の幕府勢力を挟み撃ちにする軍事計画である。

宮地氏は黒田の言説を無条件に支持するが、筆者は保留する立場を取らざるを得ない。そもそも、薩摩藩の薩長挙兵論はこの黒田の言説のみしか存在せず、西郷のこの間の言説から、このような過激な論をもって黒田派遣を実行したとは考え難い。一方で、黒田の言説をすべて否定することにも慎重でありたい。一つの可能性として、西郷は自身を慕う在京・在坂藩士（西郷吉二郎・西郷従道・川村純義・黒田清隆・桐野利秋・永山弥一郎・谷村小吉・大山巌・村田新八等）に対して、内輪の論としてこの過激な言説を明言していたのだろう。しかし、黒田はその内輪の西郷独特の言い回しを拡大解釈し、独断専行して長州藩に潜入したものと考える。

なお二月七日、黒田は岩国藩士山田右門に対し、中央政局でも幕府は不条理なことばかりしているものの、一会桑勢力の勢威が強くて薩摩藩の力では及び難く、現在はなす術がなく朝廷を守護することに専心していたが、この間に幕府の嫌疑を受けてしまったと述べる。そして、西郷の意向としては、長州藩は攘夷論を唱えたことから、このような最近の形勢に陥ったものであり、長州藩のために周旋することはもちろんのこと、まだ幕府から受ける嫌疑は足りておらず、どれほどの嫌疑を今後受けても構わない。もし、薩摩藩邸に幕府軍が打ち寄せてきたら、迎え撃つ決心であるとしている。

黒田が前年に長州藩に潜入した時の薩長両藩による挙兵といった、過激な言説は一気に影を潜め、その内容は大幅に後退して、むしろ現状ではどうすることもできないと吐露している。確かに、最後に幕府軍を迎え撃つといった、威勢のいい言葉を並べてはいるものの、黒田のこの変化をどう説明をすべきだろうか。やはり、黒田は独断専行によって長州藩入りしたため、当初は威勢のいい言説を振りかざしてみたものの、帰京後は藩要路の方針に従って、大幅にトーンダウンしたものと捉えたい。あるいは、西郷の言説がそもそもこの程度であったものを、黒田が後半のみを拡大解釈したための長州藩入りだったかも知れない。

ところで、黒田がこうした長州藩潜入という行動を起こした背景として、若者を扇動するような、西郷の軽率とも取れる言動があり、それは他でも見ることができる。西郷が心を許す存在である黒田清綱への書簡(十二月十二日、『西郷』二)には、「長州も義を以て立ち、理を尽して進むの勢は相見得ず、安全を計り候事かと案外の仕合に御座候、異艦も再来致さざる由、頓と力を落し申し候、方祭にも得合わざる事かと、誠に慰しき事に罷り成り申し候」とある。

長州藩が幕府に対して義挙する姿勢を見せず、安全策を採ることは意外であるとし、また、外国船の摂海への再来もないと聞き及び、ほとほと力を落としたと嘆き、方祭（秋の収穫を祝い、近親者に御馳走する行事）にも有り付けず、誠に寂しい限りであるとしている。西郷のこうした乱世を期待するような素振りに、まだ二十五歳と若い黒田が過剰に反応したことは想像できる。

また、黒田にとって、西郷の期待に応えると共に、一旗揚げて身分上昇を図りたいという野心があっても不思議ではない。黒田は既に九月には久光への上書（海軍士官の育成教育の充実などを訴える）を提出するなど、藩政参画への意欲を見せていた。また、黒田は第二次薩摩スチューデントに加わる希望も持っていた。

なお、岩国藩士山田右門は黒田と山口で会談（二月七日）した印象として、芸州藩に向かい、幕吏の応接振りを確認して上京するという黒田の行動予定を列挙しながらも、その行動は君命を受けたものではなく、実に脱藩同様の所業であるとしており、この指摘は極めて重要であろう。黒田は日頃から自分の考えを基に、時に藩命を無視し、それを超えた行動をしていた事例である。こうした性向によって、黒田は独断専行による長州藩入りを実行したと考えることは可能であり、この点にも留意すべきであろう。

さらに、二月二十九日、岩国藩士藍谷鼎助は広島で黒田と会談した際、岩国から大坂藩邸および鹿児島藩庁に一人ずつ藩士を派遣し、今回の長州藩処分の奏聞通りであれば人心の折り合いがつかないので、何卒尽力して欲しいと申し入れて欲しい。そうすれば、黒田自身と岩国の見込が一致して上首尾に運ぶと懇請された。

それに対し、藍谷は大坂藩邸への派遣は例があるが、鹿児島への派遣はどの様にするのかと黒田に尋ねたところ、しばらく考え込んだ末に、難しいわけではないが、大坂のみにしたいと方針を変えた。さらに、黒田の指図であることを秘匿して欲しいと、繰り返し依頼するなど、その場限りの個人的な、しかも、自藩に対する働きかけを依頼する言動を繰り返している。また、藍谷がこの件を宗藩の宍戸璣に相談したところ、これは重大案件であるため、黒田個人の了見による周旋では、成功するのは難しいと慎重な回答をしている。こうした事実からも、黒田が藩を代表して周旋しているとは考えられない。

総じて、黒田の長州藩への派遣は通説通りではなく、脱藩の罪に問われなかったものの、独断専行の一か八かの行動であった。こうした黒田の藩機構を逸脱した行為に対し、藩要路は当初から、そもそも黒田ごときにはさほど注意を払っていなかったか、あるいは混沌とした中央政局の舵取りに忙殺されて、意に介していなかったのではないか。しかし、黒田の突然の帰坂によって、しかも、長州藩の実力者である木戸を同伴した事実によって、事態は大きく転回し「小松・木戸覚書」（薩長同盟）に至る。しかし、このように薩摩藩側にとっては、この間の経緯は偶然の所産に過ぎず、後述する通り、薩摩藩にとっての「小松・木戸覚書」は長州藩に比して、必ずしも大きな意味を持つことはなかった。

第三節　木戸の上京と長州藩事情

黒田清隆が長州藩に潜入した経緯については、前述の通り、その日時・経路等、一切明らかではない。確かに、既にこの段階では、薩長融和に向けた機運は醸成されつつあったが、黒田が単独で入国できたとは考え難い。間違いなく、手引きした者の存在があったはずであり、『防長回天史』では禁門の変で忠勇隊を率いた土佐藩脱藩浪士、池内蔵太（いけくらた）（細川左馬之助）と推察している。史料上の制約から、池についてはその動向を明らかにすることは叶わないが、坂本龍馬書簡（池家族宛、慶応二年正月二十日）には「又々こんとも海軍の修行」（『坂本龍馬関係文書』一）とあり、池が長州藩海軍局に属していることを示唆している。

また、慶応二年二月二日、長府藩士時田少輔は山口で岩国の藍谷鼎助に対し、そもそも、薩長融和については、薩摩藩の「客分」である土佐藩浪士坂本龍馬と宗藩に逗留する「土州何某」、姓名は分からないが現在山口の海軍局に居る人物と、五卿付の石川清之助（中岡慎太郎）の議論である。何分、皇国は危急の時であり、少々の私怨で薩長という大藩が不和であることは許されず、是非とも周旋して薩長融和を実現したい、と言うのが彼らの趣意であると説明する。そして、期せずして現状はその方向に進んでいると、薩長融和における土佐浪士の周旋活動を極めて高く評価している。この中で、「土州何某」は池と比定でき、池が薩長融和の促進を目指し、黒田を同行したとしても不思議ではない。

木戸上京のための画策

さて、龍馬は十二月三日に下関に到着しているが、黒田もほぼ同じタイミングで来関したものと考える。黒田は到着早々から、西郷隆盛の内意であるとして、木戸孝允・高杉晋作・井上馨らに木戸の上京を強く勧めたと思われる。一方で、後述の通り、井上は小松からも要請があったと藩政府に報告しているが、これは木戸上京を実現するため、黒田だけでは力不足と考えたのか、あえて付言している。藩政府を中心に、薩摩藩への嫌疑が薄らいでいたこともあいまって、木戸らはその申し出を受けることとし、藩内での合意形成に向けて迅速に動いた。

十二月九日、高杉は山県有朋・福田俠平に書簡を発し、木戸上京について諸隊の同意を求めた。そして、本件は井上が推進の中心であり、奇兵隊からは高杉らが信頼を寄せる片野十郎を派遣するよう依頼した。木戸上京は既に議論が始まっており、しかも、同行者の選定まで済ませている事実は注目に値する。黒田の下関到着が、十二月の初旬であったことは間違いない。

木戸らの計画は用意周到になされており、木戸単独での上京ではなく、奇兵隊など反対が見込まれる諸隊の代表を一行に加えようとした。木戸の上京を実現するための止むを得ない措置であり、木戸に対する目付の役割を果たすものであった。一方で、切羽詰まった中央政局の情勢理解を共有できるメリットも見込まれた。薩長融和がどうしても長州藩にとって必要不可欠なものであることを、反対勢力の代表者に実地で理解させようと目論んだと考える。

井上は木戸上京の画策を任されたため、一気にこれを確定すべく、十二月十一日には山口に赴き、藩主毛利敬親に対して意見を具申した。「柏村日記」によると、「井上聞太従関帰着、御前罷出申上候趣、薩州小松帯刀・大島吉之助其外より木戸貫治（孝允）え相対、国事申談度事件も有之、上京仕候様申来候間、貫治被差登可然段、縷々申上候事」と、小松・西郷らが木戸と面談し国事について、つまり、薩長連携について申し入れたいことがあるとして、木戸の上京を促してきた。ついては、是非とも木戸上京を実現すべきであると、繰り返し言上に及んだ。

一方で、木戸も十二日に、井上同様に藩主に対して意見を述べ、十三日には「木戸貫治被召出、薩藩え示談旁上京之義、御説諭被遊候事」（柏村日記）と、上京の上、薩摩藩と交渉に及ぶことが命じられた。しかし、意外にも木戸は渋っており、敬親から説諭を受けている。下関滞在時の木戸は上京に前向きであったが、その後、諸隊や一部要路といった藩内の強い反対意見に接し、躊躇を始めたことがうかがえる。

中でも、藩政府の中心人物の一人でもあった前原一誠の反対は、木戸にとって難題であった。十二月十三日、木戸は前原に書簡を発し、高杉・伊藤からの依頼もあるとし、薩摩藩との連携に今着手しておかなければ、この先、実現は難しくなるであろうと見通しを述べる。そして、このことを深く懸念していると伝え、明日相談したいと要請した。木戸は前原の翻意を糧に、形勢の逆転を図ろうとした。

しかし、木戸は前原を説得できなかったようで、中村誠一・国貞直人宛書簡（十二月十九日）において、黒田提案を受け入れないと今後の支障にもなることを、前原に再三にわたって談判に及んだことを伝えた。しかし、前原が木戸に同意しなかったことを認め、このような展開に至ったのは、木戸の不徳の致すところとして、上京はもちろんのこと、今後は藩政府へも出仕しないことを仄めかした。

木戸もこの段階では、上京をあきらめざるを得ない心境となっており、木戸自身の上京の可能性はないとして、決定を待つ黒田に対する措置を依頼した。黒田は不平であろうが仕方がなく、むしろ、むなしく待たせ続けるわけにはなおさらいかないとして、速やかなる善処を繰り返し懇請した。

井上も木戸上京に向けた工作において、苦戦を強いられていた。井上書簡（木戸宛、十二月二十一日）によると、木戸上京に反対する御楯隊総督の太田市之進（御堀耕助）と対立しており、太田はこれまで非業に斃れた同志に対して、薩摩藩との連携は恥じ入るところであると主張している。しかし、井上は死者と和解ができないのであれば、昔より敵と和解はできるはずがないと太田の説を退ける。一方で、藩政府は定見がないと批判し、太田の論が清廉潔白のようにもてはやされ、口をはさむ余地がないと悲観する。

井上は続けて、これでは長州藩の藩地割拠・富国強兵など夢物語に過ぎず、表面上は同論であっても、裏を返せばてんでんばらばらであり、櫓のない船のようだと歎じ、もはや、上京もあきらめて今後の進退を熟考して欲しいとまで述べた。そして、木戸上京が実現しなければ、木戸も井上も黒田に合わせる顔がなく、改めて揃って協議して方針を決定し、ぜひとも本日中に黒田に結果を知らせたいと懇請した。藩政府は上京を容認したものの、この間、反対勢力の存在によって、木戸らは上京をあきらめつつあったことがうかがえる。

木戸の上京決定

しかし、この書簡が認められたまさに十二月二十一日、事態は急転直下を迎える。木戸らの要請を受け、藩政府は黒田対応を検討した結果、予定通り木戸上京を確認し、藩主より上方探索を名目に木戸に上京を命じた。藩主敬親は定見がなく、藩士の言いなりになりがちと評価されてきたが、ここでは大きな決断を下している。

長州宗藩はこの木戸の上京決定を、岩国を始めとする支藩には一切知らせていない。この間、薩長融和に多大の貢献していた岩国領主吉川経幹に対しては、藩政府は細やかな気配りを示し続けていたが、決定の事後報告すらなされなかった。支藩から山口には政務員が派遣されており、報知することは可能であった。しかし、それがなされていないことは、今後は支藩に頼らず、宗藩自体が薩長融和にあたる意思を固めたからであり、宗藩にとっては面子をかけた極めて重要な政治的な事象であった。

井上も周旋を再開しており、木戸宛書簡（十二月二十四日）によると、今日は奇兵隊が駐屯する吉田まで行き、山県に対し片野十郎の木戸同伴について申し入れたところ、奇兵隊にとっても片野を手放すと、代わる人材がおらず困惑せざるを得ないとして、山県は一歩も引かなかったことを伝える。そして、最終的には三好軍太郎であれば問題ないということで、三好に決定したことを詫びて、木戸の不平は承知としながら了解を求めた。木戸は実務能力に長けた片野を、当初から同行者として期待していたが実現していない。

十二月二十八日、木戸は品川弥二郎（御楯隊士）・三好軍太郎（奇兵隊士）・早川渡（遊撃隊士）・田中光顕（土佐浪士）を伴い、黒田と三田尻を出発し、慶応二年一月七日、大坂に到着した。急な到着であったため、大坂藩邸の準備が整わず、船宿で一泊して翌日には上京した。伏見まで西郷・村田新八らが出迎えており、西郷らに先導されて入京を果たし、西郷邸に落ち着いた。薩摩藩邸では人目に付きやすく、幕府の嫌疑を受けることにもつながり、避けたものであるが、西郷邸は藩邸からも遠くなかった。しかも、西郷が目をかける黒田が起こした事態であり、木戸も西郷のみを慕っているとのことであったため、とりあえず西郷邸に旅装を解いたものと考える。

ところで、「桂久武日記」（一月八日条）には、「此日黒田了助長より帰り、木戸某同伴、伏見迄参候由ニて西郷江参呉候様申来、只今より参るとて御屋敷内ニて行逢候て別れ候、此晩諏訪氏江ゆる〳〵咄ニ参候様承候」とあり、藩邸内で会った西郷が慌ただしく伏見に向かう様子がうかがえる。また、西郷はその日、小松が藩邸に不在ということもあり、その晩に島津伊勢（諏訪甚六）に相談すると桂に伝えている。

なお、西郷は海江田信義・奈良原繁・谷村小吉にも招集をかけており、そこに桂も参集した。結局、海江田と吉井友実が加わり、具体的な内容は未詳であるが、後述の通り、木戸上京に関連して話し合いが持たれたのだろう。こうして、薩長融和に向けた薩摩藩と長州宗藩との折衝が開始される。ちなみに、桂は「木戸某」としており、木戸を認識できていなかったことが分かる。

最後に、木戸の上洛目的について、家近良樹氏は「薩摩側が木戸の上洛を促したのは、「乙丑丸一件」での話し合いを求めてのものであった」（『西郷隆盛と幕末維新の政局』）としているが、その根拠として、慶応二年二月二日、長府藩士時田少輔の岩国・藍谷鼎助に伝えた情報に求めている。しかし、その内容を見ると、そこに根拠を見い出すことはできない。

時田は、ユニオン号事件(乙丑丸一件)の暫定解決後、ここ最近の薩長間の出来事によって互いに怨みを持っていたが、もはや連携を始めたからには、解決に関わった藩士たちはお互いに怨みは氷解した。一方で、鹿児島に在国していた藩士は、いまだに氷解とはいかないので、木戸を何としてでも使節とし、内々に大坂まで派遣すれば、様々な相談もできて長州藩にとっても都合が良い。ここは万難を排して、木戸上京を実現して欲しいと、薩摩藩は龍馬をして長州宗藩に申し入れたと述べている。この通り、この史料の内容からは、ユニオン号事件の解決を目的としたと上京と解釈することは妥当ではない。

そもそも、黒田が長州藩入りした慶応元年十二月初旬の段階で、ようやくユニオン号事件が勃発している。つまり、黒田が京都を出発したであろう十一月下旬には、事件そのものが存在せず、薩摩藩在京の要路、小松や西郷がユニオン号事件の解決を図るため、木戸の上京を求めて黒田を派遣したことはあり得ない。あくまでも、黒田が述べた木戸の上京目的は、薩長連携に向けた在京要路との話し合いであった。

第九章　「小松・木戸覚書」の成立と意義

第一節　木戸孝允の上京と薩長交渉

慶応二年（一八六六）一月八日、木戸孝允は入京して西郷隆盛邸に入った。その後、二十一日にいわゆる薩長同盟が締結されたとするが、これまで述べてきた新たな視点も交えながら、この二週間ほどの経緯について詳しく見ていきたい。その際に使用できる一次史料であるが、管見の限り、木戸書簡（坂本龍馬宛、正月二十三日）・吉川家史料（『吉川経幹周旋記』以下、『吉川』）・「桂久武日記」に限られる。本書では、できる限りこの一次史料をベースにしながら、「小松・木戸覚書」（薩長同盟）の成立過程や意義に迫りたい。

薩摩藩としては、木戸の上京は唐突なものであり、当初からその対応には苦慮したものと考える。長州藩を代表する木戸を、単なる情報探索を目的とした潜入として受け入れることははばかられ、西郷邸から島津久光の名代である家老小松帯刀邸（近衛家別邸）に居を変更し、そこでの政治談議に及んだ。当初の薩長交渉は、近々に幕府によって下される可能性が高い長州藩に対する処分案の受け入れを勧める小松・西郷と、断固それを拒否する姿勢を崩さない木戸との応酬であった。この間の経緯については、吉川家史料にのみ記載があるため、これを使用して具体的なやり取りを確認したい。

岩国から情報探索のため、薩摩藩大坂藩邸に派遣された用人・長新兵衛と密用掛・大草終吉は、二月八日に京都から下坂した吉井友実・税所篤と面談し、西郷からの書簡を手渡された。西郷は吉井らから京都情勢を詳しく聞いて欲しいと伝え、長らの腹蔵のない意見を求め、薩摩藩の周旋継続を約束し、繁忙で下坂できないことを詫びている。

長らは吉井から、小松・西郷の周旋状況として、両者は近衛家を訪ね、長州藩処分が寛大になるように繰り返し言上したところ、近衛忠熙・忠房父子には良く理解いただいた。しかし、幕府から奏聞があると朝議は動揺し、出席者はこぞって幕論を主張して近衛父子らの寛典論は行われず、十万石の削減・藩主の退隠が決定してしまい、甚だ気の毒であると告げられるなど、長州藩処分の決議や奏聞の次第を事細かに聞き及んだ。

吉井は続けて、「先達而木戸寛治上坂小松西郷面会之節、木戸申分ニ最早昨年之首級ニ而何も相済候と云て御所置遵奉之口気無之候ニ付、西郷より今日先之を忍べ他日雲霧霽て御上京之節、共ニ嘆願致度事と申候へ共同意之色不見候由也」（『吉川』四）という、重要な情報をもたらした。木戸は小松・西郷に対し、第一次長州征伐における三家老の処分で、長州藩処分は済んでいるとの認識を示した。一方、西郷は幕府の処分を忍んで受け入れることを促し、後日、嫌疑が晴れて藩主が上京した際に、協働して復権を嘆願する意思表示をしたものの、木戸は断固として同意しなかったことが開陳された。

この間、薩摩藩は長州再征に異議を唱えていたが、何らかの形で長州藩を処分することについては、必ずしも不同意ではなかった。あくまでも三家老の切腹は解兵条件であり、むしろ、何らかの処分は当然であると考え、この点はその他諸侯とも共有した認識であった。但し、その内容はなるべく穏便なもので、長州藩が飲めるものであることが前提であった。つまり、薩摩藩の長州藩に関わる寛典論とは、大義名分に乏しい長州再征には反対するものの、長州藩処分そのものを実行することは肯定しており、それは可能な限り軽い処分とすることを求めたものである。

薩摩藩はこの前提に立っており、藩を代表して西郷が第一次長州征伐に参謀格で加わっていたが、当初から三家老の切腹は解兵条件であり、別途処分が必要であるとの立場を堅持し、その道筋を立てることに尽力してきた経緯があった。一方、長州藩・木戸の立場は三家老の切腹は解兵条件のみならず、処分そのものであるというもので、長州再征どころか、今後、長州藩を処分すること自体、不当であるとの認識であった。これは支藩を含めた長州藩全体が共有した方針であり、既に幕府との戦争も辞さないとする臨戦態勢の構築を急いでいた。こうした背景の下、木戸が頑として薩摩藩側の要求を拒絶したのは、至極当然であろう。

確かに、長州征伐後の幕府の矛先が薩摩藩に向かうことへの警戒心から、久光は藩地に割拠して、貿易の振興や軍事改革・武備充実による富国強兵を目指し、幕府から距離を置いて将来の戦闘に備えるという抗幕志向を明確にしていた。そのためには長州藩の存続が必須であり、連携パートナーとして最適ではあった。しかし、幕府の強い嫌疑の中で、これ以上、関係を悪化させてまでも、薩摩藩から長州藩に擦り寄る必要など、一向になかった。さらに、薩摩藩は幕府には長州再征を行うだけの武威を失っており、現実問題として、武力衝突を本心では望んでいないと踏んでいた。

つまり、形式的に面子さえ保てれば、幕府は長州再征を実行せずに、処分についてもなし崩し的に寛典に向かうものと考えた。薩摩藩としては、木戸の長州藩処分は既に完了しているという言い分を、了解するか否かが極めて重要な問題となった。こうした状況に中で、薩摩藩の態度が軟化する。まずは、吉川家史料における岩国藩士と木戸の面談内容によって、その状況を確認して見たい。

吉川家史料による検証

二月五日、岩国藩士山田右門は三日に山口に到着していた木戸と会談したが、「先年御出山之節西郷は御疑念ニ及間敷段御直ニ被仰上、其後御出山之節薩州とても信用過候は如何可有之哉之段是又御直ニ被仰上候、然ニ今度小五郎薩邸ニ而段々付相見候所、薩人ハ真正義ニ而一点之私心無之様相見候付、決而御疑念無之而可然」と、二転三転していた木戸の薩摩藩に対する評価が、真の正義で一転の私心もないと頗る高評価で定まり、決して疑念を抱くべきではないと告げられた。そして、薩摩藩から切り出された今後の方針について、木戸は以下の通り説明した。

木戸は長州再征の阻止に向けた薩摩藩の周旋に満足せず、藩主父子の官位復旧という、長州藩の復権への周旋が行われていないことに不満を漏らし、薩摩藩に対してさらなる尽力を強硬に迫った。薩摩藩側は極々内密の方針であり、当事者である長州藩にも洩らすつもりはなかったが、木戸に押し切られたとして、現在の情勢では薩摩藩の力ではどうすることも叶わない。この上は、幕長戦争が勃発しても致し方ないとしながらも、戦争は半年や一年では決着がつかず、その間に長州藩の復権に向けた薩摩藩の周旋が実を結ぶのではないかという見通しを示した。なお、木戸は岩国だけは特別であるので極秘情報を披露したと述べ、口外しないことを再三にわたって強く要請している。

なお、その他支藩に対しては、誤った情報が伝達されており、例えば、長府藩士時田少輔は広島で楫取素彦から聞き及んだ話として、「御本家木戸某、先達而薩之蒸気船江乗組、大坂薩邸迄罷越」「薩邸江潜伏之内より遂ニ致上京、御所内迄も入込段々致探索候」(『吉川』四)といった内容を、二月二日に岩国で藍谷鼎助に語っている。支藩にとって、宗藩の動向は今後の方針を定める上でも、極めて重要な関心事であった。

桂久武日記による検証

一方で薩摩藩側には、この間に木戸とどのような交渉をしたかについては、具体的な記録は一切存在していない。ただし、「桂久武日記」には、桂を中心とした在京要路の動向についての若干の記載があるため、そこから分かる交渉に関わりそうな事実を考察してみたい。前述の通り、一月八日に木戸上坂の一報が京都に到着し、西郷らが黒田の要望を容れて伏見まで木戸一行を出迎えに向かった。とりあえず、西郷邸に落ち着いた後、藩邸において西郷・島津伊勢・海江田信義・吉井友実に桂も加わり、木戸上京に関連して当面の善後策が話し合われた。

推測の域を出ないが、当日不在であった筆頭家老の小松帯刀邸に木戸を移し、主として西郷が小松と共に対応すること、当面の対応方針として、幕府による長州藩処分案の受け入れを勧め、後日、嫌疑が晴れて長州藩主が上京した際、協働して復権を嘆願する意思表示をすることを申し合わせたと考える。木戸がどの段階で小松邸に移動したか明らかではないが、小松がこの方針に同意した数日以内であろう。その後、桂は十日に朝彦親王、晃親王、近衛忠煕・忠房父子に年頭の挨拶および久光からの言上を伝えるなど、家老としての職務を果たしていた。

十一日に至り、「此朝黒田了助参候て長之事情等ゆる〳〵相咄候也」と、黒田が桂を訪問し、この間の事情を詳細に説明した。翌十二日、「四ッ後（午前十時過ぎ）帯刀殿・西郷同伴ニて見舞也、長の木戸某より箱入付錫大小御贈候由ニて西郷氏持参也」と、小松が西郷を同伴して桂を訪ねた。この時、木戸対応について小松・桂・西郷の三者の間で、あくまでも木戸に対して、長州藩処分の受諾を迫るのか、あるいは受諾拒否を前提に、藩主父子の官位復旧という長州藩の復権への周旋に同意するのか議論した。しかし、この段階ではまだ結論が出ず、桂が木戸に面会した上で、再度議論することになったのではないかと考える。

十四日、桂は「四ッ時分（午前十時頃）より小松家江参、ゆる〳〵相咄、木戸某江初て逢ひ致挨拶候、夫より帰りニ御屋敷江参、出殿いたし候所、最早退出後ニ相成、諏訪家（島津伊勢）江参、暫時相咄、夫より西郷氏江参る」と、小松邸に赴いて初めて木戸と対面し、時間をかけて小松も交えて国事について話し込んだ。その後、桂はわざわざ退庁した伊勢および西郷の許を訪れている事実から判断して、小松・桂・木戸による三者会談を踏まえ、小松・桂は木戸の意向に沿うことを決定し、その考えを桂から伊勢・西郷に伝えたのだろう。

この時の判断として、久光の同意が得られるかが大きなポイントであった。幕府による処分を受け入れるか否かの最終判断は、当然ながら長州藩に帰するものであり、薩摩藩としては受け入れることを促すことしか叶わず、久光の意向如何に関わらない問題である。次に、藩主父子の官位復旧という、長州藩の復権への周旋を開始することについては、小松・桂の間で慎重に検討されたであろう。しかし、長州藩をパートナーとして抗幕姿勢を貫き、廃幕を志向する薩摩藩にとって、長州藩の復権に加担する程度のことは、既定路線からそう逸脱するものではなく、久光にとっても許容範囲であると判断したと考える。

なお、同日に「黒田嘉右衛門帰候由ニて参居候間、暫時相咄候、夫より帰宿、七ツ過（午後四時過ぎ）諏訪氏見舞、海江田・奈良原ニも同断、暫時ニて皆被帰候」と、伊勢が海江田武次・奈良原繁を伴って、黒田清綱と面談後の桂を訪ねており、そこでも確認がなされたと考える。以上を踏まえ、薩摩藩要路と木戸との薩長連携に向けた国事会談は十八日に設定された。これは、この間に桂が「天気御伺勤首尾好相済候祝之心持ニて相招」と天機伺いが無事に済んだことに対し、御礼のために在京藩士を二日に分けて招待し、大々的に祝賀会を開催したためであり、この予定の変更が難しかったため、十八日開催となったものであろう。

十八日、桂は「八ッ時分（午後二時頃）より小松家江、此日長の木戸江ゆる〳〵取会度申入置候付、参候様にとの事故参候所、皆〳〵大かね時分（午後五時頃）被参候、伊勢殿・西郷・大久保・吉井・奈良原也、深更迄相咄、国事段々咄合候事」と、夕方から深夜に及ぶ会談を行った。薩摩藩からは小松・桂・島津伊勢・西郷・大久保・吉井・奈良原という、三家老を含む在京要路七名が参集しており、国事について議論が行われた。薩摩藩重役が居並ぶ中で、孤軍奮闘する木戸の心情に留意しておきたい。

ここでも木戸は、長州再征の阻止に向けた薩摩藩の周旋に満足せず、藩主父子の官位復旧という長州藩の復権への周旋が行われていないことに不満を漏らし、薩摩藩に対してさらなる尽力を強硬に迫ったであろう。ここで薩摩藩は既に決定していた方針に則り、長州藩が処分内容を拒否することを黙認し、長州藩主父子の官位復旧という長州藩の復権への周旋を薩摩藩が実行する方針を示した。そして、木戸と議論を深めて、二十三日に木戸が龍馬に書き送った六箇条の内容を粗々十八日に決定したものと捉えたい。

なお、芳即正氏はこの時点で在京薩摩藩士が関心を持つ国事として、①諸外国の対薩嫌疑、②幕府の対薩疑惑、③幕府の長州対策の三点を挙げ、この日議された国事とは①であり、②③も含まれた可能性を指摘する。そのため、木戸は「待たされたあげくの貴重な機会での話題としては、「薩長両藩の間に関係するの談」に焦点が合わされていないもどかしさが感じられたろう」(『坂本龍馬と薩長同盟』)とするが、同意できない。

①②については、特に薩摩藩にしか関係がない①について、そもそも木戸の前でする話題ではあり得ない。また、③については、処分内容に関して予想することは可能であるが、その議論もあまり意味をなさない。そもそも、これらに長時間をかけて、話し合うだけの内容が伴っていないことは明らかである。やはりここでは、薩長両藩に関わる国事が議論されたとするのが妥当であり、六箇条の内容のアウトラインが出来上がったと考える。

そして、木戸には六箇条の内容を成文化して長州藩に持ち帰りたいとの意向が働いたであろう。その事由は、十八日会談での長州藩からの出席者は木戸だけであり、この会談には木戸側に立って証人となるべき人物がいないため、後日、約束が反故にされてもそれを立証し、反駁することは叶わない。また、藩政府に報告した際、口頭でのやり取りのみでは信憑性が著しく乏しく、木戸上京に反対した勢力からは信用されない可能性が高い。そして、今後、木戸が藩政府の中心となるためにも、確固たる連携の証拠が必須であった。

しかし、薩摩藩側は木戸に押し切られて回答した体を採っているため、木戸が成文化を要求することは非現実的であった。加えて、薩摩藩側と調整の上で成文化した場合、木戸の思惑通りに内容が記述されるとは限らない可能性も十分にあり得た。そのタイミングでの龍馬の登場は、木戸にとってこの上もない僥倖になった。

第二節　大久保の帰藩と「小松・木戸覚書」の成立

「薩長同盟」の実相

いわゆる薩長同盟は周知のとおり、慶応二年一月二十三日に木戸孝允から坂本龍馬に送られた書簡に記された六箇条をもって成立したとされる。龍馬は一月十日に土佐藩浪士池内蔵太・新宮馬之助、長府藩士三吉慎蔵を伴い下関を発し、十八日に薩摩藩大坂邸に入り、十九日に伏見寺田屋に宿した。二十日夜、龍馬は池・新宮と共に密に入京し、薩摩藩二本松邸に入った。そして、翌二十一日には小松邸に移り、通説ではその日に龍馬の周旋によって六箇条が、つまり薩長同盟が成立したとされる。

しかし、既に述べた通り、十八日の会談でこの六箇条のアウトラインは成立しており、龍馬の周旋によって事態が進展した事実はない。一方で、木戸にとってみると、口頭での約束だけでは極めて不都合であり、何としても確固たる六箇条の証明を欲していた。そこに龍馬が期せずして登場したことにより、木戸は龍馬を政治的に利用することになるが、この間の経緯を確認したい。最初に、「桂久武日記」（一月二十日条）によると、以下の記載がある。

一、四ツ後出勤、此日御国元江大久保罷下候て爰許之事情言上仕候ハ可然哉ニ申談、廿一日出立申渡相成候事、

一、八ツ時分帰宅、昼飯相仕舞候て大久保江御国元江之言上之趣共い細申含置候事、

一、此晩長の木戸別盃致度候間、可参小松家より承候得共、不気色故相断候、尤大久保氏ニて西郷江逢候付相頼置候也

これによると、桂は午前十時頃藩邸に出勤し、大久保利通が帰藩して、中央政局の事情を言上することが好ましいと申し合わせた。この場に小松が居合わせたかははっきりしないが、少なくとも小松・桂間では、大久保帰藩は一致した方針であったと考える。二十一日の出発を命じ、午後二時頃帰宅して昼食後、大久保の許に行き島津久光への言上内容を委細申し含めている。また、この晩に木戸の送別会が予定され、小松から出席の要請があったが体調不良のため欠席としており、大久保宅で西郷に会ったため、その旨、伝言を依頼している。

大久保の帰藩事由について、桂書簡（島津求馬・蓑田伝兵衛宛、正月二十一日）によると、中央政局は特段の変化もないとしながら、長州藩処分が決定するようで、老中板倉勝静・小笠原長行が京都（一会桑勢力）・大坂（幕府本体）間を行き来して内決し、奏聞するつもりであると言われている。また、京都と大坂間でまとまらず、朝廷の裁断を仰ぐとも言われているとし、その状況を大久保が帰藩して報告することになったと告げる。また、こうした状況下で、西郷に対する外部からの接触も増えていることから、当分は西郷を連れて帰藩が叶わないとし、そのため大久保を帰藩させ、中央政局の状況や桂が復命すべき事柄を久光に言上すれば、安心されるだろうと小松らと相談したと申し送った。

桂が復命すべき問題とは、京都留守居内田政風の兵庫開港の勅許反対の建言（慶応元年九月二十九日）が幕府から外国に漏れ、特にパークスから嫌疑を受けていたこと、さらに、パークスから鹿児島訪問の希望が出されていたことに関連した。桂は長崎でグラバーとこの問題について会談をしており、その具体的な内容と対処方法について、桂自身の考えを復命する必要があった。本件については、それ以前の一月十七日に鹿児島からの飛脚が到着し、十二月二十九日発信の桂・内田らの帰藩命令がもたらされていた。久光にとって、薩英関係は極めて重要であることが確認できる。

つまり、大久保の任務は、十九日に二老中が急遽上京して、一会桑勢力に将軍家茂が最終的に下した処分案を伝え、それを二十二日に奏聞する直前の緊迫した中央政局の状況を伝えることが主任務であり、そこに桂が復命すべき薩英間の懸案事項が付加された。当然、木戸が上京した以降の様々な経緯も含まれたであろう。そして、二十一日、「谷村・奈良原・黒田嘉右衛門（清綱）・同了助（清隆）・大久保氏・得野良介・堀直太郎等出立候付見送候也」（「桂久武日記」）と桂に見送られ、恐らく木戸を伴って京都を出発している。

大久保は処分案が勅許されることを前提に離京しており、その結果を大坂で確認した上で出発する手筈であった。その通り、二十二日に西郷から、十万石の削減、藩主敬親を蟄居・隠居、世子広封を永蟄居に処すことが聴許されたことが伝えられ、大久保らは二十五日に大坂を出発している。なお、大久保は西郷に対し、処分案の勅許は想定内としながらも、この間の薩摩藩の周旋も無駄になり遺憾であると返信し、これより波乱の事態が起こり得ると断言して、朝幕の対応を暗に批判した。

十九日の板倉・小笠原の二老中の上京は、直ちに在京薩摩藩士にキャッチされ、大久保の帰藩が急遽決定を見たが、一方で、木戸においては、処分案の如何はさしたる重要事項ではなかった。既に十八日の会談で、薩長融和に向けた六箇条のアウトラインは成立しており、かつ、いかなる長州藩処分であっても、断固として拒否する姿勢が薩摩藩の了解を得ていることから、予定通り、木戸の送別会は二十日に小松邸で開催されたと考える。その翌二十一日、何としても確固たる六箇条の証明を欲していた木戸の許に龍馬は現れた。

ところで、「小松・木戸覚書」（薩長同盟）の成立を二十二日とする説があるが、これは「坂本龍馬日記抄」（『坂本龍馬関係文書』二）の「廿二日　木圭小西（木戸、小松、西郷）三氏会」による。しかし、木戸が薩摩藩士と別行動を採るとは思えない。また、少人数での移動は極めて危険であり、翌二十二日に大坂に着いていることから、大久保・黒田と共に二十一日に京都を出発したと考えることが妥当であり、二十一日は伏見の薩摩藩邸で宿泊したと考える。つまり、木戸が二十一日には離京していることから、二十二日説はあり得ない。芳即正氏は二十一日会談では結論が出ず、二十二日に龍馬の仲介によって同盟成立に漕ぎ着けたとするが、二十二日では木戸と大坂まで同行できる薩摩藩士がほぼ不在である。

木戸は出発前の慌ただしい雰囲気の中で、運よく居合わせた小松・西郷、そして龍馬の前で、十八日の会談で成立した六箇条のアウトラインを確認しながら話し、確固たる六箇条にしたと考える。龍馬は長州藩要路の一部には、薩摩藩士として認識されており、昨春来の薩長融和に向けた動向において、常に薩摩藩の使者として長州藩に派遣された唯一の人物であった。木戸にとって、生粋の薩摩藩士から証人を得られない中で、最善の選択が龍馬を証人にすることであった。そして、木戸から龍馬に送られた書簡に記されたことによって、そして、その内容を龍馬が確証したことを踏まえて、名実共に六箇条が成立したことになる。

なお、龍馬が会談に加わるまで、特段の国事の話はなされておらず、六箇条の成立は龍馬の周旋であるとする見方が有力である。しかし、これまでの記述の通り、十八日に六箇条のアウトライン成立、二十一日に龍馬を証人として六箇条の確認、二十三日に明文化されることによって六箇条の確定と捉えたい。

そもそも、木戸は龍馬登場後、せいぜい半日ほどの間に六箇条の証明を獲得しなければならず、それ以前にアウトラインが成立していなければ、この短時間にこれだけの内容の了解事項が一から成立するのは不可能であろう。また、龍馬が木戸・西郷間を周旋して「薩長同盟」を成し遂げたとする一次史料は存在せず、全て明治以降の創作に過ぎない。

なお、家近良樹氏は「当時、藩士層とは異なって失うものが相対的に少なかった浪士グループが、過激な行動に出ようとしていた。そのリーダーたる龍馬が上洛して来たのだから、西郷らの発言には、たんに木戸（長州藩）に対する思惑だけではなく、浪士集団に対するそれも、当然のことながら含まれたと解すべきであろう」（『西郷隆盛と幕末維新の政局』）と述べるが、龍馬と薩摩藩との関係が全く理解されていない。西郷が龍馬を浪士グループのリーダーと認識し、リップサービスとして六箇条を発言することなど、あり得ないことは、これまでの考察で明らかである。

第三節　「小松・木戸覚書」の内容と意義

「小松・木戸覚書」（薩長同盟）の六箇条の内容について、これまでも諸書によって語り尽くされているが、その分析は、「小松・木戸覚書」の性格を規定するため、また、その後の政局に与えた影響を検討するため、避けては通れない作業となる。ここでは、筆者なりの所見を条項ごとに述べることにするが、確認のため、まずは煩を厭わず以下に掲げる。

①戦と相成候時ハ、直様二千余之兵を急速差登し、只今在京之兵と合し、浪華へも千程ハ差置、京・坂両所を相固め候事、

②戦自然も我勝利と相成候気鋒有之候とき、其節朝廷へ申上、屹度尽力之次第有之候との事、

③万一戦負色に有之候とも、一年ヤ半年ニ決て潰滅致し候と申事ハ無之事ニ付、其間ニは必尽力之次第屹度有之候との事、

④是なりにて幕兵東帰せしときハ、屹度朝廷へ申上、直様冤罪ハ従朝廷御免に相成候都合ニ、屹度尽力との事、

⑤兵士をも上国之上、橋・会・桑等も如只今次第ニて、勿体なくも朝廷を擁し奉り、正義を抗ミ、周旋尽力之道を相遮り候ときハ、終に及決戦候外無之との事、

⑥冤罪も御免之上ハ、双方誠心を以相合し、皇国之御為ニ砕身尽力仕候事ハ不及申、いづれ之道にしても、今日より双方皇国之御為皇威相暉き、御回復ニ立至り候を目途ニ誠心を尽し、屹度尽力可仕との事、

六箇条の主たるポイントは、長州藩が処分を受け入れないことを前提に、幕長戦争（第二次長州征伐）をも視野に入れた薩摩藩による長州藩（藩主父子）の復権を、朝廷に周旋することを約束したものである。また、幕長戦争が開始されても、薩摩藩は中立を守って幕

府側に立たないことも、言外に示している。全体として、薩摩藩の既定方針から外れておらず、久光から容易に事後承認を得ることができる内容となっている。

①では、薩摩藩兵の上京についてであるが、薩摩藩は朝廷守護を藩是としており、幕長戦争が勃発した場合、多数の藩兵が御所を守るために、派遣されたとしても不思議ではない。問題は兵数と考えるが、文久三年（一八六三）九月、八月十八日政変後の久光の率兵上京時は一五〇〇人であった。この際は、長州藩の率兵上京の可能性が念頭に置かれたが、今回は幕長戦争という緊急事態が実際に勃発したことを前提にしているため、必ずしも二〇〇〇という数が突出しているわけではない。つまり、薩摩藩の既定路線そのものである。

なお、上方にこれだけの兵力が存在することは、長州藩に有利に働くことは論を待たない。実際に会津藩は、「薩人数多入京之段深疑念不審、若ハ長征列藩出張京師ノ空ヲ考不慮ノ一挙も難計ト深嫌疑」（『中山忠能日記』三）と、深く薩摩藩を嫌疑していた。会津藩は再征時にがら空きとなった京都で、薩摩藩が挙兵することを恐れており、幕府軍の兵力を分散させる効果があった。薩摩藩の既定路線とは言え、長州藩にとっては大きな側面支援には相違なかった。木戸がこれを聞き出せたことは、極めて戦略上、有意義であった。

②③④では、幕長戦争で長州藩が勝利の場合、敗戦の場合、そもそも幕長戦争自体がな

い場合（幕府軍の東帰）の、長州藩復権に向けての薩摩藩の周旋活動の約束である。これまでも、薩摩藩は長州藩の寛典処分を唱えており、嫌疑が深まるとはいえ、それほどの負担ではない。さらに、仮に結果が伴わなくても、薩摩藩の瑕瑾にはなり得ない。

⑤について、最も意見が分かれる条項であろう。「兵士」がどこに所属するのかによって、大きく意味合いが異なる。家近良樹氏は薩摩藩兵としたが、筆者は「慶応期政局における薩摩藩の動向——薩長同盟を中心として」（『神田外語大学日本研究所紀要』九号）において、上方駐屯の幕府軍と捉えた。そして、⑤を現状維持の場合の薩摩藩の対応策、つまり、幕府軍が上方に駐屯している状態で、一会桑勢力もこれまで通りに朝廷を傀儡にして、長州藩復権という正義に向けての薩摩藩の周旋活動を妨害した場合を想定しており、その場合はこれら幕府勢力と「決戦」するとした。このケースは、②から⑤の今後の事態予測の中で最も可能性が低い、非現実的なものと評価した。

画期的な新史料

ところが、拙稿発表後、「幕末の寺田屋事件で坂本龍馬が幕府側に襲撃された際、現場に残したとされる書面に薩摩、長州の両藩が協力して幕府側を京都から追い払う取り決めがあったと記した文書が鳥取県立博物館で見つかった」（日本経済新聞二〇一七年九月十九日付朝刊他）との記事が各紙に掲載され、大きな話題となった。「京坂書通写慶応二年丙寅正月」（鳥取県立博物館蔵）とされる文書で、その後、下関市立歴史博物館で展示された。この新発見により、「兵士」は長州藩兵であることが確定したが、まずはこの新出史料について考察を加えてみたい。

そもそも、寺田屋事件において龍馬が書類を押収されていたことは既知の事実である。桑名藩士立見尚文の伝記『立見大将伝』には、「二月四日　坂本龍馬所持の書類を寫す」とあり、また、土佐藩京都藩邸史料「慶応二年一月伏見奉行所報告」（高知県立坂本龍馬記念館蔵）には、「坂本龍馬所持書類写取奉差上候」とある。このことから、奉行所から京都所司代（桑名藩）に龍馬所持の書類の写しが届けられ、それを立見は直に見聞し、かつ、土佐藩邸はその写しを入手していることが分かる。さらに、新史料によって、鳥取藩も入手していることが判明し、本情報が各藩の公用方などを通じて、ある程度流布していることが確認できる。

これまでの史料には、龍馬が所持した書類の内容に踏み込んだものはなかった。しかし、新史料の発見によって、これまでは木戸書簡（坂本龍馬宛、正月二十三日）でしか確認できなかった内容の一端を知ることができ、極めて画期的である。まずは本史料を読み解くことから始めたい。以下、翻刻と大意を掲げる。

【翻刻】（下関市立歴史博物館編「龍馬がみた下関」による）

先般申上候薩人云々之次第、全体土州脱藩ニ而当時薩え入り込長州え之往来致し居申坂本龍馬と申者、去月廿四日当地出立、伏見寺田屋と申旅籠屋え一泊致し候処を被召捕掛候得共、漸々切抜ケ出同処薩邸え逃ケ込居申趣、尤荷物等は其侭右宿え有之ニ付取調候処、格別之品ハ無之候得とも、只今迄長人え掛合等之書面段々有之、此度寛大之御処置ニ相成り候共決而御請は致間敷、却而歎順ニ托し多人数上京致候得は、其節は急度相応し会を追退事之周旋は可致と、長人え之返書等も所持致し居申趣、既ニ其節召連居候家来は長人之徒ニ御座候（読点・波線および囲みは筆者）

【大意】

先ごろお伝えした薩摩藩士のことですが、土佐藩脱藩浪士で今は薩摩藩に抱えられ、薩長間を往来している坂本龍馬と言う者が、先月二十四日に京都を出発し伏見寺田屋で一泊しているところに召し捕りに向かいましたが、龍馬は何とか切り抜けて薩摩藩邸に逃げ込みました。もっとも、所持品はそんまま寺田屋に放置されていたので取り調べた結果、格別な遺留品はなかったものの、只今まで長州藩士とやり取りしていた内容等の書面がありました。それによると、この度寛大な処分案に落ち着いたとしても、長州藩は決して受諾はせず、かえって嘆願にかこつけて多人数で上京した場合には、薩摩藩はそれに応じて必ず会津藩を追い払う（邪魔をさせない）周旋をするであろう、との長州藩士への返書なども含まれていたとのことです。なお、既にその際に召連れていた家来は長州藩士でした。

ここから読み取れることは、薩摩藩士として暗躍する龍馬の情報が既に知れわたっていること、木戸の動向、例えば入京したことは把握されていないこと、長州藩の率兵上京とそれに伴う薩摩藩の行動計画が、格別なものと認識されていないことである。そもそも、この遺留文書は龍馬の備忘録か、三吉が龍馬から聞き取った内容を帰藩時の報告のため、メモを取ったものと推測され、正式な文書ではなく、返書とされるものも遺留書面の一部であろう。つまり、木戸とやり取りした内容は、薩摩藩が処分案の受諾を迫ったところ、寛典処分案が出ても長州藩は応ぜず、むしろ率兵上京して復権を嘆願するといったもので、返書とされるものは、薩摩藩は率兵上京時には嘆願が認められるよう、会津藩の妨げるための周旋活動を行うとしたものである。

ここには、木戸書簡（坂本龍馬宛、正月二十三日）で使用された「決戦」の二文字が見当たらない。つまり、小松・木戸会談では、「周旋」止まりだった語彙を、あるいは「周旋」レベルの印象を薩摩藩側は抱いたものを、木戸は「決戦」とまで踏み込んで、薩長連携の強固さを演出し、併せてより一層の薩摩藩の決意を促したものであろう。この新史料によって、薩長合意文書あるいは薩摩藩からの何らかの返書の存在は確認できず、また、軍事同盟の可能性はさらに低くなったと考える。

なお、薩摩藩が⑤を受け入れた事情について、「決戦」という語彙を使用しているものの、長州藩の率兵上京は時期尚早と捉えていた可能性が高い。当時、長州藩は第一次長州征伐および功山寺挙兵に連動した内訌での過重負担と凶作が重なって、一揆の兆しが見られるなど不穏な情勢にあり、軍夫などの調達が困難であった（三宅紹宣『幕末・維新期長州藩の政治構造』）。さらに、大村益次郎による軍制改革も道半ばの段階で、総じて率兵上京は不可能であった。木戸がどの程度、真実を語ったかは分からないが、薩摩藩が龍馬などを通じて、長州藩の動向を一定レベル以上に把握していたことは疑いなく、薩摩藩の判断として、実際に率兵上京は起こり得ず、会津藩等と戦闘に至るとは微塵も感じておらず、⑤はリップサービスの域を出ない。

⑥では、薩摩藩の周旋活動が功を奏し、長州藩が復権した以降の両藩の方針を示しており、一致協力して皇国のために粉骨砕身して、尽力することが謳われている。両藩による高次元な目標であるが非常に抽象的であり、王政復古を仄めかしているものの、これまでにも唱えられてきた当たり障りのない内容で、六箇条をまとめるための付けたし程度の条項である。

「薩長同盟」から「小松・木戸覚書」へ

以上、六箇条を検討したが、長州藩をパートナーとして抗幕姿勢を貫き、廃幕を志向する薩摩藩にとって、長州藩の復権に加担する程度のことは、既定路線から逸脱するものではなく、上方への出兵もまた然りである。そもそも、在京要路は幕府には戦意がなく、また戦闘能力も欠如していると判断しており、それは木戸との会談が終わった後も、変わりはなかった。

西郷は蓑田伝兵衛宛書簡（二月六日、『西郷』二）において、「此の度は幕府においては、万万戦を始め候様子相見得申さず、此の度の所置を申し付け候て、承服致さざる儀は相知れ居り候わん、定めて何とか上手に策を廻らし候事もこれあり候わんかと、申す訳に御座候」と、幕府が長州再征を実行することは、万が一にもないと断言する。一方で、幕府も長州藩が処分内容を承服する可能性がないことは承知しているはずであり、今回の処分伝達は幕府に何か上策があってのことであろうかと訝しんでいる。

このように、在京要路は久光にとっても六箇条は許容範囲であると判断し、木戸と交渉したと考える。つまり、この六箇条は「同盟」「盟約」と称される程のレベルではなく、在京薩摩藩士のトップであり、かつ久光の名代的存在である小松帯刀が、長州藩を代表して上京した木戸孝允との間で交わした、「小松・木戸覚書」とするのが妥当である。なお、「小松・木戸覚書」が記載された木戸書簡について、それを受領した龍馬は恐らく小松・西郷に披露して同意を求めたと考える。龍馬個人が是非を判断できるはずもなく、小松らの了解を得たからこそ、龍馬自身も「小松・木戸覚書」の重要性を認識していたと捉えたい。

なお、長州藩・木戸にとって、この「小松・木戸覚書」の存在は極めて重要であり、幕長戦争を遂行するための精神的な後ろ盾になり、これを成し遂げた木戸の政治権限の大幅な上昇をもたらした。一方で、薩摩藩にとっては、この段階ではそれほどまでの重要性を、この「小松・木戸覚書」に見出してはいなかった。「小松・木戸覚書」は、その後の政治過程から逆算され、この段階が薩長融和の実質的な転換点と位置付けられたことから、極めて意義深い政治的事象に昇華したものであろう。

「小松・木戸覚書」成立時の意義としては、その過程で長州藩を代表する木戸がこれまでのように岩国・吉川経幹の仲介ではなく、薩摩藩の三家老（小松・桂・島津伊勢）および西郷・大久保・吉井といった藩要路と親しく議論したことにある。特に、筆頭家老であり久光の名代的存在であった小松と木戸が実際に会談し、両者にパイプができたことは薩長融和に向けて看過できない点である。

小松は木戸に対して、「然者其砌は万事失敬相働候義残情不少奉存候。しかし緩々御高話拝承大幸之至奉存候」（木戸宛書簡、二月六日、『木戸文書』4）と伝えており、両者間の会談が上首尾であったとしている。小松はこれ以降、「小松・木戸覚書」の履行に意を用いることにも配慮したであろう。薩摩藩においても、「小松・木戸覚書」は薩長融和の起点に位置付けられるものであったことは間違いない。

また、「小松・木戸覚書」を機に、薩長間での人事交流が始まったことにも留意すべきである。この直後から、長州藩からは品川弥二郎らが薩摩藩の京都藩邸に潜入し、また、薩摩藩からは村田新八・川村純義がユニオン号の今後の対応を協議するために、山口に派遣されるなどした。薩長間の人的交流は拡大していくが、こうした経緯が薩長融和を確固たるものにしたことは疑いない。

そして、十月十五日、薩摩藩から黒田清綱らが修交使節として長州藩主の許に派遣され、久光・茂久父子からの親書が奉呈された。その返礼として、木戸が修好使節として薩摩藩に赴き、十一月二十九日、久光・茂久父子に謁見するなどの歓待を受けた。こうした藩主間レベルの修好の事実をもって、「小松・木戸覚書」による薩長連携は、名実共に同盟に昇華した。

エピローグ

本書では、文久二年（一八六二）の島津久光の率兵上京から慶応二年（一八六六）の「小松・木戸覚書」の締結まで、薩長関係を軸とした幕末政治史を論じてきた。これ以降の慶応四年（一八六八、九月八日に明治に改元）の鳥羽伏見の戦いまでの流れについて、薩摩藩の動向を中心に据えて簡単に触れておこう。

慶応二年六月、幕府は長州藩との交渉を打ち切り、幕長戦争（第二次長州征伐）を開始したが、当時の薩摩藩は長州征伐後の幕府の矛先が薩摩藩に向かうことを警戒し、藩地に割拠して、軍事改革・武備充実による富国強兵を目指していた。そして、幕府から距離を置いて将来の戦闘に備えるという抗幕志向を明確にし、「小松・木戸覚書」を中核にした、長州藩を最大のパートナーとする西国諸藩連合を構想していた。

薩長同盟所縁之地石碑
京都市上京区、室町通と鞍馬口通の交差点に立つ

幕府からの出兵要請に対し、薩摩藩・大久保利通は断固として拒否する建白を行い、幕府を震撼させた。開戦後、薩摩藩は御所警固を名目に藩兵を多数上京させ、幕府への無言の圧力をかけ、さらに、島津久光は長州再征反対の建白を朝廷に行った。これらは、薩摩藩の既定方針ではあったものの、「小松・木戸覚書」に応える行動でもあった。

幕府は幕長戦争に敗北し、権威の挽回は不可能な段階に陥ったが、その間に将軍家茂が大坂城内で急逝し、その後、慶喜が将軍に就任するまで、将軍空位が続く異常事態となった。また、幕府にとって最大の庇護者であった孝明天皇も急逝したことから、反幕府的な廷臣が復活したことも薩摩藩には追い風となった。

この機を捉え、薩摩藩は外交権を幕府から奪い、徳川家を諸侯にまで貶して廃幕に持ち込もうと画策し、諸侯会議を開催することを企図した。そして、慶応三年（一八六七）五月には四侯会議を主導して、国政参画を目指したものの、慶喜の政治力の前に敗れ去った。現状の打開を図るため、薩摩藩は幕府打倒を決意し、武力発動路線（「小松・木戸覚書」）と大政奉還路線（薩土盟約）の二方向を模索するに至った。前者は長州・芸州両藩と出兵協定を結び討幕の密勅降下を、後者は土佐藩と薩土盟約を結び大政奉還に向けた建白を、それぞれ画策した。

薩摩藩の中では、武力発動路線への反対も少なからず存在したが、久光体制の下、小松帯刀・西郷隆盛・大久保は役割分担こそすれ、一枚岩で柔軟性をもって、中央政局の舵取りをしていた。一方で鹿児島では、桂久武が久光・小松の意向を踏まえ、藩論の調整に尽力した。討幕の密勅・大政奉還は同時に実現したが、薩摩藩は大政奉還の機を捉え、将軍職・幕府の廃止を目指した王政復古クーデターを画策することになる。

十二月九日、薩摩藩が土佐・芸州・尾張・越前と共謀し、岩倉具視と主導した王政復古クーデターが勃発し、大号令が発せられた。将軍職辞職の勅許、京都守護職・京都所司代の廃止、幕府の廃止、摂政・関白の廃止、総裁・議定・参与の三職設置が宣言され、天皇親政・公議政治を基軸とする新政府が樹立された。長州藩主父子も官位が復旧され、入京が許されたため、薩摩藩との合流を果たした。

当日の小御所会議で慶喜の辞官納地が決定し、新政府からの事実上の追放が図られたが、慶喜による巻き返しがあり、薩長両藩はなす術がなかった。そこに、江戸薩摩藩邸の焼き討ち事件の一報が大坂城に届くと、沸騰した旧幕府軍が出兵したことから、慶応四年一月三日、鳥羽伏見の戦いが起こった。この千載一遇の機会を活かした薩長両藩は、官軍として旧幕府軍を撃退し、その後の戊辰戦争でも主力を務め、新政府の双璧的な存在となった。

本書では、これまでの多くの研究成果をもとにして、主として薩摩藩にかかわる一次史料の再検討と当時の政治動向の分析を通して、あらたな薩長同盟論を展開した。具体的には、島津久光の率兵上京を契機とした、薩摩藩と長州藩の抗争および融和の交渉史を丹念に追求し、筆者が薩長同盟を規定し直した「小松・木戸覚書」が、どのように成立したのか、その過程を明らかにした。その概要を、簡単に振り返っておこう。

寺田屋事件、八月十八日政変、禁門の変によって、薩長両藩は不倶戴天の仇となったが、薩摩藩・久光による藩是の転換を踏まえ、事態は大きく転換する。第一次長州征伐における西郷隆盛の不戦撤兵に向けた周旋活動を契機に、当初は岩国・吉川経幹を媒介とした薩長融和に向けた周旋活動がスタートした。将軍家茂の幕長戦争（第二次長州征伐）を前提とした進発を契機に、薩摩藩と長州宗藩は急速に結びつきを強めるが、それを媒介したのが小松帯刀による軍需品購入時の名義貸しや、薩摩藩士・坂本龍馬の宗藩への入説であった。

薩摩藩は再征勅許の反対に奔走する動向をあえて示すことによって、長州宗藩へのさらなる接近を企図した。龍馬が長州藩にもたらした「非義勅命」を批判する大久保書簡写しによって、薩摩藩の周旋事情が判明したことから、長州藩は迅速に粮米提供を決定するなど、薩摩藩への信義の回復と周旋尽力への依頼が飛躍的に高まり、こうした機運は薩長融和の向けたさらなる一歩となった。

また、「小松・木戸覚書」の画期となった黒田清隆の長州藩派遣については、藩命や西郷の指示を受けたものでなく、黒田の独断専行によるものであったが、黒田の判断の背景として、西郷の若者を扇動するような言説が存在した。木戸上京後の薩長交渉については、長州藩処分の受け入れを迫った薩摩藩が、木戸の断固とした拒絶にあい、それを撤回して長州藩復権への周旋に同意した経緯があった。この決断は、薩摩藩の既定路線からそう逸脱するものではなく、久光にとっても、許容範囲であるとの小松の判断によって実現した。

また、「小松・木戸覚書」の成立について、薩長会談による六箇条のアウトライン成立、龍馬を証人とした六箇条の確認、木戸書簡による明文化によって六箇条が確定する経緯を経た。なお、内容の分析から軍事同盟と規定することには無理があり、「同盟」「盟約」と称される程のレベルにはなく、本書では、久光の名代的存在である小松が、長州藩を代表する木戸との間で交わした、「小松・木戸覚書」と呼称するのが妥当であるとした。「小松・木戸覚書」は長州藩・木戸にとって、その存在は極めて重要であり、幕長戦争を遂行するための精神的な後ろ盾になって、これを成し遂げた木戸の政治権限の大幅な上昇をもたらした。一方で、薩摩藩・小松はこれ以降、「小松・木戸覚書」の履行に意を用いることにも配慮せざるを得ず、薩摩藩においても、「小松・木戸覚書」は薩長融和のスタート地点に位置付けられるものであったことは間違いない。これ以降の藩士間交流を経た藩主間修好の事実をもって、「小松・木戸覚書」による薩長連携は名実共に同盟レベルに昇華し、この段階を始めとして本格的に協働して幕府に対抗し、倒幕を成し遂げた。

最後に、本書の生みの親であり、最初の読者である人文書院の松岡隆浩氏に感謝を申し上げたい。遅々とし進まない原稿を辛抱強くお待ちいただき、かつ、適切なご助言を賜った。心から感謝を申し上げたい。

二〇一八年一一月一七日

町田　明広

参考文献

【史料】

鹿児島県歴史資料センター黎明館編『鹿児島県史料（玉里島津家史料）』一・三・四、鹿児島県、一九九二〜九五年
渡辺盛衛編『有馬新七先生伝記及遺稿』、海外社、一九三一年
鹿児島県維新史料編さん所『鹿児島県史料（忠義公史料）』三、鹿児島県、一九七六年
西郷隆盛全集編集委員会『西郷隆盛全集』一・二・五、大和書房、一九七九年
日本史籍協会叢書『連城紀聞』二、東京大学出版会、一九七四年復刻
鳥取県立博物館編『贈従一位池田慶徳公御伝記』三、鳥取県立博物館、一九八八年
日本史籍協会叢書『幕府征長記録』、東京大学出版会、一九七三年復刻
細川家編纂所『改訂肥後藩国事史料』五・六、鳳文書院、一九九〇年復刻
宮内省先帝御事蹟取調掛編『孝明天皇紀』五、平安神宮、一九六九年
東京大学史料編纂所「維新史料綱要データベース」、一九九四年
木戸孝允関係文書研究会『木戸孝允関係文書』1、東京大学出版会、二〇〇五年
山口県史編さん室編『山口県史　史料編幕末維新4』、山口県、二〇一〇年
日本史籍協会叢書『大久保利通文書』一、東京大学出版会、一九六七年復刻

日本史籍協会叢書『續再夢紀事』四、東京大学出版会、一九七四年復刻
「藍山公記」（佐川印刷所刊行会『宇和島藩幕末・維新史料』、二〇一一年）
鹿児島県史料刊行委員会『桂久武日記』、鹿児島県、鹿児島県立図書館、一九八六年
日本史籍協会叢書『坂本龍馬関係文書』一、北泉社、一九九六年復刻、
日本史籍協会叢書『吉川経幹周旋記』一、東京大学出版会、一九七〇年復刻
日本史籍協会叢書『中山忠能日記』三、東京大学出版会、一九七三年復刻
土屋新之助『立見大将伝』、マツノ書店、二〇一〇年復刻
土佐藩京都藩邸史料「慶応二年一月伏見奉行所報告」（高知県立坂本龍馬記念館蔵）
下関市立歴史博物館編『龍馬がみた下関』、二〇一七年

【著書・論文】

青山忠正「薩長盟約の成立とその背景」（『歴史学研究』五五七、一九八六年）
青山忠正『明治維新と国家形成』、吉川弘文館、二〇〇〇年
芳即正『坂本龍馬と薩長同盟』、高城書房、一九九八年
宮地正人『歴史のなかの『夜明け前』』、吉川弘文館、二〇一五年
家近良樹『西郷隆盛と幕末維新の政局』、ミネルヴァ書房、二〇一一年
桐野作人「再考　薩長同盟」（『歴史群像』一三七号、学研プラス、二〇一六年）
三宅紹宣『幕末・維新期長州藩の政治構造』、校倉書房、一九九三年

【拙著】

『島津久光＝幕末政治の焦点』、講談社、二〇〇九年
『幕末文久期の国家政略と薩摩藩――島津久光と皇政回復』、岩田書院、二〇一〇年
『攘夷の幕末史』、講談社、二〇一〇年
『グローバル幕末史』、草思社、二〇一五年
『歴史再発見　西郷隆盛　その伝説と実像』、NHK出版、二〇一七年
「元治国是の確立と大政委任」（『神田外語大学日本研究所紀要』（以下『紀要』、六号、二〇一四年）
「禁門の変における薩摩藩の動向」（『神田外語大学紀要』二六号、二〇一四年）
「元治元年前半の薩摩藩の諸問題――小松帯刀の動向を中心に」（『紀要』七号、二〇一五年）
「元治元年の中央政局と薩摩藩――禁門の変に至る道程」（『神田外語大学紀要』二七号、二〇一五年）
「第一次長州征伐における薩摩藩――西郷吉之助の動向を中心に」（『紀要』八号、二〇一六年）
「慶応期政局における薩摩藩の動向――薩長同盟を中心として」（『紀要』九号、二〇一七年）
「慶応元年中央政局における薩摩藩の動向――将軍進発と条約勅許を中心に」（『紀要』十号、二〇一八年）

や　行

ら　行

わ　行

は　行

ま　行

た　行

な　行

か　行

人名索引

あ　行

著者略歴

町田明広（まちだ・あきひろ）

1962年長野県生まれ。上智大学文学部・慶應義塾大学文学部卒業、佛教大学大学院文学研究科博士後期課程修了。博士（文学）。現在、神田外語大学外国語学部准教授・日本研究所副所長、明治維新史学会理事。専門は日本近現代史（明治維新史・対外認識論）。著書に『幕末文久期の国家政略と薩摩藩』（岩田書院）、『島津久光＝幕末政治の焦点』（講談社選書メチエ）、『攘夷の幕末史』（講談社現代新書）、『グローバル幕末史』（草思社）、『西郷隆盛 その伝説と実像』（NHK 出版）など。

JIMBUN SHOIN Printed in Japan
ISBN978-4-409-52074-1 C1021

薩長同盟論
――幕末史の再構築

二〇一八年一二月一日 初版第一刷印刷
二〇一八年一二月一〇日 初版第一刷発行

著 者 町田明広
発行者 渡辺博史
発行所 人文書院
〒六一二-八四四七
京都市伏見区竹田西内畑町九
電話 〇七五(六〇三)一三四四
振替 〇一〇〇〇-八-一一〇三

印刷 創栄図書印刷株式会社
装丁 上野かおる